BIBLIOTHÈQUE
CHOISIE
PAR UNE SOCIÉTÉ DE GENS DE LETTRES,
SOUS LA DIRECTION DE M. LAURENTIE.

———

Ve SECTION.
CHOIX DE POÉSIES.

Tous les ouvrages publiés par la BIBLIOTHÈQUE CHOISIE sont la propriété des éditeurs; chaque volume est empreint de son cachet : le contrefacteur sera poursuivi suivant la rigueur des lois.

CHOIX
DES POÉSIES
DE RONSARD,

DUBELLAY, BAÏF, BELLEAU, DUBARTAS, CHASSIGNET, DESPORTES, REGNIER;

PRÉCÉDÉ D'UNE INTRODUCTION
PAR M. GÉRARD.

Imprimerie de Béthune.

PARIS.
BUREAU DE LA BIBLIOTHÈQUE CHOISIE,
RUE FÉROU, N° 28;

MÉQUIGNON-HAVARD, RUE DES SAINTS-PÈRES, N° 10;
BRICON, RUE DU VIEUX-COLOMBIER, N° 19.

1830.

INTRODUCTION.

Il s'agite actuellement en littérature une question fort importante : on demande si la poésie moderne peut retirer quelque fruit de l'étude des écrivains françois, antérieurs au dix septième siècle.

L'Académie des Jeux Floraux avoit même indiqué ce sujet pour son prix d'éloquence de cette année; et l'on sent bien que si une académie de province hasarde une pareille question, c'est que le *statu quo* de Malherbe et de Boileau menace terriblement ruine.

J'ignore si le procès-verbal annuel des Jeux Floraux est déjà publié : à Paris nous ne le voyons guère; mais un journal de province, qui donnoit dernièrement quelques détails sur ce concours, nous apprend que le morceau couronné répondoit affirmativement à la question.

Elle y étoit vue de haut et traitée largement, comme on dit aujourd'hui : « Le moyen âge, s'écrioit le Lauréat, déborde sur nous par la littérature.... L'imagination peut seule rouvrir les sources du génie; elle s'est précipitée sur les temps barbares; elle y a cherché les vivantes puissances du moyen âge, le christianisme, la chevalerie, les querelles religieuses, les révolutions politiques, etc... » Mais l'*accessit* étoit d'un avis bien contraire; toute la poésie possible, à son sens, étoit contenue dans le grand siècle : au delà, rien que barbarie et confusion....., quelques épigrammes de Marot exceptées; rien que l'on pût comprendre avant Ronsard, et quatre vers de lisibles, tout au plus, chez celui-ci (d'après Laharpe). Puis l'*accessit* tançoit vertement ces *novateurs rétrogrades* qui veulent nous ramener à l'enfance de la poésie, nous proposant pour modèles des poètes barbares qui n'avoient pas la moindre teinture des littératures anciennes, comme si les inimitables écrivains du siècle de Louis XIV n'étoient pas les seuls dignes d'être imités !

Travaillez, jeunes lauréats, travaillez ; il se peut que chacun de vous ait raison : que l'un nous offre des compositions où revive tout ce moyen âge qu'il dépeint si bien, que l'autre surpasse, s'il peut, les illustres modèles qu'il se propose... Mais qu'il les surpasse, entendez-vous? car il est impossible d'admettre une littérature qui ne soit pas progressive. Regardez-y à deux fois : c'est une terrible prétention que celle de perfectionner Racine, et cependant la question est là.

Franchement, je vois chez le jeune novateur plus de conscience d'artiste, jointe à plus de modestie : il respecte trop nos grands auteurs pour se hasarder dans le genre qu'ils ont si glorieusement occupé; il se propose des modèles moins supérieurs dans une littérature peu frayée, et qui n'a atteint aucune sorte de perfection : ces modèles, il peut sans trop d'orgueil espérer de les effacer, heureux s'il dotoit notre siècle d'une source féconde d'inspiration et communiquoit à d'autres l'envie de le surpasser lui-même dans cette entreprise.

Car il faut l'avouer, avec tout le respect possible pour les auteurs du grand siècle, ils ont trop resserré le cercle des compositions poétiques; sûrs pour eux-mêmes de ne jamais manquer d'espace et de matériaux, ils n'ont point songé à ceux qui leur succéderoient, ils ont *dérobé leurs neveux*, selon l'expression du Métromane: au point qu'il ne nous reste que deux partis à prendre, ou de les surpasser, ainsi que je viens de dire, ou de poursuivre une littérature d'imitation servile qui ira jusqu'où elle pourra; c'est-à-dire qui ressemblera à cette suite de dessins si connue, où par des copies successives et dégradées, on parvient à faire du profil d'Apollon une tête hideuse de grenouille.

De pareilles observations sont bien vieilles, sans doute, mais il ne faut pas se lasser de les remettre devant les yeux du public, puisqu'il y a des gens qui ne se lassent pas de répéter les sophismes qu'elles ont réfutés depuis long-temps. En général, on paroît trop craindre, en littérature, de redire sans cesse les bonnes raisons; on écrit trop pour ceux qui savent; et il arrive de là que les nouveaux auditeurs qui surviennent tous les jours à cette grande querelle, ou ne comprennent point une discussion déjà avancée, ou s'indignent de voir tout à coup, et sans savoir pourquoi, remettre en question des principes adoptés depuis des siècles.

Il ne s'agit donc pas (loin de nous une telle pensée!) de déprécier le mérite de tant de grands écrivains à qui la France doit sa gloire; mais n'espérant point de faire mieux qu'eux, de chercher à faire autrement, et d'aborder tous les genres de littérature dont ils ne se sont point emparés.

Et ce n'est pas à dire qu'il faille pour cela imiter les étrangers. Mais seulement suivre l'exemple qu'ils nous ont donné, en étudiant profondément nos poètes primitifs, comme ils ont fait des leurs.

A.*

Car toute littérature primitive est nationale, n'étant créée que pour répondre à un besoin, et conformément au caractère et aux mœurs du peuple qui l'adopte ; d'où il suit que, de même qu'une graine contient un arbre entier, les premiers essais d'une littérature renferment tous les germes de son développement futur, de son développement complet et définitif.

Il suffit pour faire comprendre ceci, de rappeler ce qui s'est passé chez nos voisins : après des littératures d'imitation étrangère, comme étoit notre littérature dite classique, après le siècle de Pope et d'Adisson, après celui de Vieland et de Lessing, quelques gens à courte vue ont pu croire que tout étoit dit pour l'Angleterre et pour l'Allemagne....

Tout! excepté les chefs-d'œuvre de Walter-Scott et de Byron, excepté ceux de Schiller et de Goëthe; les uns, produits spontanés de leur époque et de leur sol; les autres, nouveaux et forts rejetons de la souche antique : tous abreuvés à la source des traditions, des inspirations primitives de leur patrie, plutôt qu'à celle de l'hypocrène.

Ainsi, que personne ne dise à l'art : tu n'iras pas plus loin ! au siècle, tu ne peux dépasser les siècles qui t'ont précédé !.. C'est là ce que prétendoit l'antiquité en posant les bornes d'Hercule : le moyen âge les a méprisées et il a découvert un monde.

Peut-être ne reste-t-il plus de mondes à découvrir ; peut-être le domaine de l'intelligence est-il au complet aujourd'hui et que l'on peut en faire le tour, comme du globe : mais il ne suffit pas que tout soit découvert ; dans ce cas même, il faut cultiver, il faut perfectionner ce qui est resté inculte ou imparfait. Que de plaines existent que la culture auroit rendues fécondes ! que de riches matériaux, auxquels il n'a manqué que d'être mis en œuvre par des mains habiles ! que de ruines de monuments inachevés.... Voilà ce qui s'offre à nous, et dans notre patrie même, à nous qui nous étions bornés si long-temps à dessiner magnifiquement quelques jardins royaux, à les encombrer de plantes et d'arbres étrangers conservés à grands frais, à les surcharger de dieux de pierre, à les décorer de jets d'eau et d'arbres taillés en portiques.

Mais arrêtons nous ici, de peur qu'en combattant trop vivement le préjugé qui défend à la littérature françoise, comme mouvement rétrograde, un retour d'étude et d'investigation vers son origine, nous ne paroissions nous escrimer contre un fantôme, ou frapper dans l'air comme Entelle : le principe étoit plus contesté au temps où un célèbre écrivain allemand envisageoit ainsi l'avenir de la poésie françoise.

» Si la poésie (nous traduisons M. Schlegel), pouvoit plus tard refleurir en France, je crois que cela ne seroit point par l'imitation des Anglois ni d'aucun autre peuple; mais par un retour à l'esprit poétique en général, et en particulier à la littérature françoise des temps anciens. L'imitation ne conduira jamais la poésie d'une nation à son but définitif, et surtout l'imitation d'une littérature étrangère parvenue au plus grand développement intellectuel et moral dont elle est susceptible : mais il suffit à chaque peuple de remonter à la source de sa poésie, et à ses traditions populaires, pour y distinguer, et ce qui lui appartient en propre et ce qui lui appartient en commun avec les autres peuples. Ainsi, l'inspiration religieuse est ouverte à tous, et toujours il en sort une poésie nouvelle, convenable à tous les esprits et à tous les temps : c'est ce qu'a compris Lamartine, dont les ouvrages annoncent à la France une nouvelle ère poétique, etc. »

Mais avions nous en effet une littérature avant Malherbe? observent quelques irrésolus, qui n'ont suivi de cours de littérature que celui de Laharpe. — Pour le vulgaire des lecteurs, non ! Pour ceux qui voudroient voir Rabelais et Montaigne mis en françois moderne; pour ceux à qui le style de La Fontaine et de Molière paroît tant soit peu négligé, non ! Mais pour ces intrépides amateurs de poésie et de langue françoise, que n'effraie pas un mot vieilli, que n'égaie pas une expression triviale ou naïve, que ne démontent point les *oncques*, les *ainçois* et les *ores*, oui! Pour les étrangers qui ont puisé tant de fois à cette source, oui!... Du reste, ils ne craignent point de le reconnoître[1], et rient bien fort de voir souvent nos écrivains s'accuser humblement d'avoir pris chez eux des idées qu'eux mêmes avoient dérobées à nos ancêtres.

Mais avant d'aller plus loin, posons la question de manière à la faire mieux comprendre, et profitons pour cela de la division indiquée par M. Sainte-Beuve, dans son excellent tableau de la poésie au seizième siècle, qui attribue à l'école de Ronsard, et non pas à Malherbe,

---

[1] Tous les critiques étrangers s'accordent sur ce point. Citons entre mille un passage d'une revue anglaise, rapporté tout récemment par le *Mercure*, et qui faisoit partie d'un article où notre littérature étoit fort maltraitée : « Il seroit injuste cependant de ne point reconnoître que ce fut aux François que l'Europe dut sa première impulsion poétique, et que la littérature *romane*, *qui distingue le génie de l'Europe moderne du génie classique de l'antiquité*, naquit avec les *trouveurs* et les *conteurs* du nord de la France, les *jongleurs* et les *ménestrels* de Provence.

l'établissement du système classique en France ; on n'avoit pas jusques-là appuyé assez sur cette circonstance, à cause du peu de cas que l'on faisoit, à tort, des poètes du seizième siècle.

Nous dirons donc maintenant : existoit-il une littérature nationale avant Ronsard ? mais une littérature complète, capable par elle-même, et à elle seule, d'inspirer des hommes de génie, et d'alimenter de vastes conceptions ? Une simple énumération va nous prouver qu'elle existoit : qu'elle existoit, divisée en deux parties bien distinctes, comme la nation elle-même, et dont par conséquent l'une que les critiques allemands appellent *littérature chevaleresque* sembloit devoir son origine aux Normands, aux Bretons, aux Provençaux et peut-être aux Francs (la noblesse s'en empara), dont l'autre, native du cœur même de la France, et essentiellement populaire est assez bien caractérisée par l'épithète de *gauloise*.

La première comprend : les poëmes historiques, tels que les roumans de *Rou* (Rollon) et du *Brut*, la Philippide, le combat des trente

Bretons, etc.; les poëmes chevaleresques, tels que le *St.-Graal, Tristan, Partenopex, Lancelot*, etc.; les poëmes allégoriques, tels que le roman de la *Rose*, du *Renard*, etc., et enfin toute la poésie légère, chansons, ballades, lais, chants royaux, plus la poésie provençale ou *romane* toute entière.

La seconde comprend les mystères, moralités et farces (y compris *Patelin*); les fabliaux, contes, facéties, livres satyriques, noels, etc., toutes œuvres où le plaisant dominoit, mais qui ne laissent pas d'offrir souvent des morceaux profonds ou sublimes, et des enseignemens d'une haute morale parmi des flots de gaîté frivole et licencieuse.

Hé bien! qui n'eut promis l'avenir à une littérature aussi forte, aussi variée dans ses élémens, et qui ne s'étonnera de la voir tout à coup renversée, presque sans combat, par une poignée de novateurs qui prétendoient ressusciter la Rome morte depuis seize cents ans, la Rome romaine, et la ramener victorieuse, avec ses costumes, ses formes et ses dieux, chez un peuple du nord, à moitié composé de nations germaniques, et dans une société toute chrétienne : ces novateurs, c'étoient Ronsard et les poètes de son école ; le mouvement imprimé par eux aux lettres s'est continué jusqu'à nos jours.

Ce seroit perdre de vue le plan de ce volume que de nous occuper à faire l'histoire de la décadence de la haute poésie en France ; car elle étoit vraiment en décadence au siècle de Ronsard ; flétrie dans ses germes, morte sans avoir acquis le développement auquel elle sembloit destinée ; tout cela, parce qu'elle n'avoit trouvé pour l'employer que des poètes de cour qui n'en tiroient que des chants de fêtes, d'adulation et de fade galanterie ; tout cela, faute d'hommes de génie qui sussent la comprendre, et en mettre en œuvre les riches matériaux. Ces hommes de génie se sont rencontrés cependant chez les étrangers, et l'Italie surtout nous doit ses plus grands poètes du moyen âge : mais chez nous, à quoi avoient abouti les hautes promesses des douzième et

prose illustrée par les Joinville, les Froissart et les Rabelais : mais, Marot éteint, son école n'étoit pas de taille à le continuer : ce fut elle cependant qui opposa à Ronsard la plus sérieuse résistance, et certes, bien qu'elle ne comptât plus d'hommes supérieurs, elle étoit assez forte sur l'épigramme : la *tenaille de Mellin* [1], qui pinçoit si fort Ronsard au milieu de sa gloire, a fait proverbe.

Je ne sais si le peu de phrases que je viens de hasarder suffit pour montrer la littérature d'alors dans cet état d'interrègne qui suit la mort d'un grand génie, ou la fin d'une brillante époque littéraire, comme cela s'est vu plusieurs fois depuis; je ne sais si l'on se représente bien le troupeau des écrivains du second ordre se tournant inquiet à droite et à gauche et cherchant un guide : les uns fidèles à la mémoire des grands hommes qui ne sont plus et laissant dans les rangs une place pour leu ombre; les autres tourmentés d'un vague dé

---

[1] **Mellin de Saint-Gelais.**

treizième siècles? A je ne sais quelle poésie ridicule, où la contrainte métrique, où des tours de force en fait de rime, tenoient lieu de couleur et de poésie; à de fades et obscurs poëmes allégoriques, à des légendes lourdes et diffuses, à d'arides récits historiques rimés, tout cela recouvert d'un langage poétique, plus vieux de cent ans que la prose et le langage usuel, car les rimeurs d'alors imitoient si servilement les poètes qui les avoient précédés, qu'ils en conservoient même la langue surannée. Aussi, tout le monde s'étoit dégoûté de la poésie dans les genres sérieux, et l'on ne s'occupoit plus qu'à traduire les poëmes et romans du douzième siècle dans cette prose qui croissoit tous les jours en grâce et en vigueur. Enfin, il fut décidé que la langue françoise n'étoit pas propre à la haute poésie, et les savans se hâtèrent de profiter de cet arrêt, pour prétendre qu'on ne devoit plus la traiter qu'en vers latins et en vers grecs.

Quant à la poésie populaire, grâce à Villon et à Marot, elle avoit marché de front avec la

sir d'innovation qui se produit en essais ridicules ; les plus sages faisant des théories et des traductions.... Tout à coup un homme apparoît, à la voix forte, et dépassant la foule de la tête : celle-ci se sépare en deux partis, la lutte s'engage ; et le géant finit par triompher, jusqu'à ce qu'un plus adroit lui saute sur les épaules et soit seul proclamé très-grand.

Mais n'anticipons pas : nous sommes en 1549, et à peu de mois de distance apparoissent *la défense* et *illustration de la langue françoise*[1], et les premières *odes pindariques* de Pierre de Ronsard.

La défense de la langue françoise, par J. Dubellay, l'un des compagnons et des élèves de Ronsard, est un manifeste contre ceux qui prétendoient que la langue françoise étoit trop pauvre pour la poésie, qu'il falloit la laisser au peuple, et n'écrire qu'en vers grecs et latins ; Dubellay leur répond : « que les lan-

---

[1] Par I. D. B. A. (Joachim Dubellay.) Paris, Arnoul Angelier, 1549. Le privilége date de 1548.

gues ne sont pas nées d'elles-mêmes en façon d'herbes, racines et arbres; les unes infirmes et débiles en leurs espérances; les autres saines et robustes, et plus aptes à porter le faix des conceptions humaines, mais que toute leur vertu est née au monde, du vouloir et arbitre des mortels. C'est pourquoi on ne doit ainsi louer une langue et blâmer l'autre, vu qu'elles viennent toutes d'une même source et origine : c'est la fantaisie des hommes; et ont été formées d'un même jugement à une même fin : c'est pour signifier entre nous les conceptions et intelligences de l'esprit. Il est vrai que par succession de temps, les unes pour avoir été plus curieusement réglées sont devenues plus riches que les autres; mais cela ne se doit attribuer à la félicité desdites langues; mais au seul artifice et industrie des hommes. A ce propos, je ne puis assez blâmer la sotte arrogance et témérité d'aucuns de notre nation, qui n'étant rien moins que grecs ou latins déprisent ou rejettent d'un sourcil plus que stoïque, toutes choses écrites en François. »

Il continue en prouvant que la langue française ne doit pas être appelée *barbare*, et recherche cependant pourquoi elle n'est pas si riche que les langues grecque et latine : « on doit attribuer à l'ignorance de nos ancêtres, qui, ayant en plus grande recommandation le bien faire que le bien-dire, se sont privés de la gloire de leurs bienfaits, et nous du fruit de l'imitation d'iceux, et par le même moyen, nous ont laissé notre langue si pauvre et nue, qu'elle a besoin des ornemens, et, s'il faut parler ainsi, des plumes d'autrui. Mais qui voudroit dire que la grecque et romaine eussent toujours été en l'excellence qu'on les a vues au temps d'Horace et de Démosthène, de Virgile et de Cicéron ? Et si ces auteurs eussent jugé que jamais pour quelque diligence et culture qu'on y eût pu faire, elles n'eussent su produire plus grand fruit, se fussent-ils tant efforcés de les mettre au point où nous les voyons maintenant ? Ainsi puis-je dire de notre langue qui commence encore à fleurir, sans fructifier : cela, certainement, non pour le défaut de sa nature, aussi apte à engendrer que les autres, mais par la faute de ceux qui l'ont eu en garde et ne l'ont cultivée à suffisance. Que si les anciens Romains eussent été aussi négligés à la culture de leur langue, quand premièrement elle commença à pulluler; pour certain, en si peu de temps elle ne fût devenue si grande; mais eux en guise de bons agriculteurs, l'ont premièrement transmuée d'un lieu sauvage dans un lieu domestique, puis, afin que plutôt et mieux elle pût fructifier, coupant à l'entour les inutiles rameaux, l'ont pour échange d'iceux restaurée de rameaux francs et domestiques, magistralement tirés de la langue grecque, lesquels soudainement se sont si bien entés et faits semblables à leurs troncs, que désormais ils n'apparoissent plus adoptifs, mais naturels. »

Suit une diatribe contre les traducteurs qui abondoient alors, comme il arrive toujours à de pareilles époques littéraires. Dubellay prétend « que ce labeur de traduire n'est pas un moyen suffisant pour élever notre vulgaire l'égal des autres plus fameuses langues. Que faut-il donc ? Imiter ! imiter les Romains, comme ils ont fait des Grecs; comme Cicéron a imité Démosthène, et Virgile, Homère. »

Nous venons de voir ce qu'il pense des faiseurs de vers latins, et des traducteurs ; voici maintenant pour les imitateurs de la vieille littérature : « Et certes, comme ce n'est point chose vicieuse, mais grandement louable, d'emprunter d'une langue étrangère les sentences et les mots, et les approprier à la sienne : aussi, est-ce chose grandement à reprendre, voire odieuse à tout lecteur de libérale nature, de voir en une même langue une telle imitation, comme celle d'aucuns savans mêmes, qui s'estiment être des meilleurs plus ils ressemblent un Héroet ou un Marot. Je t'admoneste donc, ô toi, qui désires l'accroissement de ta langue et veux y exceller, de n'imiter à pied levé, comme naguère a dit quelqu'un, les plus fameux auteurs d'icelle; chose certainement aussi vicieuse, comme de nul profit à notre vulgaire, vu que ce n'est autre chose, sinon lui donner ce qui étoit à lui. »

Il jette un regard sur l'avenir et ne croit pas qu'il faille désespérer d'égaler les Grecs et les Romains : « Et comme Homère se plaignoit que de son temps les corps étoient trop petits, il ne faut point dire que les esprits modernes ne sont à comparer aux anciens; l'architecture, l'art du navigateur et autres inventions antiques, certainement sont admirables, et non si grandes toutefois qu'on doive estimer les cieux et la nature d'y avoir dépensé toute leur vertu, vigueur et industrie. Je ne produirai pour témoins de ce que je dis l'imprimerie, sœur des muses et dixième d'elles, et cette non moins admirable que pernicieuse foudre d'artillerie; avec tant d'autres non antiques inventions qui montrent véritablement que par le long cours des siècles, les esprits des hommes ne sont point si abatardis qu'on voudroit bien dire. Mais j'entends encore quelque opiniâtre s'écrier : ta langue tarde trop à recevoir sa perfection; et je dis que ce retardement ne prouve point qu'elle ne puisse la recevoir; je dis encore qu'elle se pourra tenir certain de la garder longuement, l'ayant acquise avec si longue peine : suivant la loi de nature qui a voulu que tout arbre qui naît fleurit et fructifie bientôt, bientôt aussi vieillisse et meure, et au contraire que celui là dure par longues années, qui a longuement travaillé à jeter ses racines. »

Ici finit le premier livre où il n'a été encore question que de la langue et du style poétique : dans le second, la question est abordée plus franchement, et l'intention de renverser l'ancienne littérature et d'y substituer les formes antiques est exprimée avec plus d'audace :

« Je penserai avoir beaucoup mérité des miens si je leur montre seulement du doigt le chemin qu'ils doivent suivre pour atteindre à l'excellence des anciens : mettons donc pour le commencement ce que nous avons, ce me semble, assez prouvé au premier livre. C'est que sans l'imitation des Grecs et Romains, nous ne pouvons donner à notre langue l'excellence et lumière des autres plus fameuses. Je sais que beaucoup me reprendront d'avoir osé, le premier des François, introduire quasi une nouvelle poésie, ou ne se tiendroient plainement satisfaits, tant pour la briéveté dont j'ai voulu user que pour la diversité des esprits dont les uns trouvent bon ce que les autres trouvent mauvais. Marot me plaît, dit quelqu'un, parce qu'il est facile et ne s'éloigne point de la commune manière de parler; Héroët, dit quelqu'autre, parce que tous ses vers sont doctes, graves et élaborés; les autres d'un autre se délectent. Quant à moi telle superstition ne m'a point retiré de mon entreprise, parce que j'ai toujours estimé notre poésie françoise être capable de quelque plus haut et merveilleux style que celui dont nous nous sommes si longuement contentés. Disons donc brièvement ce que nous semble de nos poètes françois.

« De tous les anciens poètes françois, quasi un seul, Guillaume de Loris et Jean de Meun[1], sont dignes d'être lus, non tant pour ce qu'il

[1] Auteurs du roman de la Rose.

y ait en eux beaucoup de choses qui se doivent imiter des modernes, que pour y voir quasi une première image de la langue françoise, vénérable pour son antiquité. Je ne doute point que tous les pères crieroient la honte être perdue si j'osois reprendre ou émender quelque chose en ceux que jeunes ils ont appris, ce que je ne veux faire aussi; mais bien soutiens-je que celui-là est trop grand admirateur de l'ancienneté qui veut défrauder les jeunes de leur gloire méritée : n'estimant rien, sinon ce que la mort a sacré, comme si le temps ainsi que les vins rendoit les poésies meilleures. Les plus récents, même ceux qui ont été nommés par Clément Marot en une certaine épigramme à Saiel, sont assez connus par leurs œuvres ; j'y renvoie les lecteurs pour en faire jugement. »

Il continue par quelques louanges et beaucoup de critiques des auteurs du temps, et revient à son premier dire, qu'il faut imiter les anciens, « et non point les auteurs françois, pour ce qu'en ceux-ci on ne sauroit prendre que bien peu, comme la peau et la couleur, tandis qu'en ceux-là on peut prendre la chair, les os, les nerfs et le sang. »

» Lis donc, et relis premièrement, ô poète futur, les exemplaires grecs et latins : puis, me laisse toutes ces vieilles poésies françoises aux jeux floraux de Toulouse et au Puy de Rouan : comme rondeaux, ballades, virelais, chants royaux, chansons et autres telles épiceries qui corrompent le goût de notre langue, et ne servent sinon à porter témoignage de notre ignorance. Jette-toi à ces plaisants épigrammes, non point comme font aujourd'hui un tas de faiseurs de contes nouveaux qui en un dixain sont contens n'avoir rien dit qui vaille aux neuf premiers vers, pourvu qu'au dixième il y ait le petit mot pour rire, mais à l'imitation d'un Martial, ou de quelque autre bien approuvé; si la lasciveté ne te plait, mêle le profitable avec le doux; distille avec un style coulant et non scabreux de tendres élégies, à l'exemple d'un Ovide, d'un Tibulle et d'un Properce; y entremêlant quelquefois de ces fables anciennes, non petit ornement de poésie. Chante-moi ces odes inconnues encore de la langue françoise, d'un luth bien accordé au son de la lyre grecque et romaine, et qu'il n'y ait rien où apparoisse quelque vestige de rare et antique érudition. Quant aux épîtres, ce n'est un poëme qui puisse grandement enrichir notre vulgaire, parce qu'elles sont volontiers de choses familières et domestiques, si tu ne les voulois faire à l'imitation d'élégies comme Ovide, ou sentencieuses et graves comme Horace : autant te dis-je des satyres que les François, je ne sais comment, ont nommé coqs à l'âne, auxquelles je te conseille aussi peu t'exercer, si ce n'est à l'exemple des anciens en vers héroïques, et sous ce nom de satyre, y taxer modestement les vices de ton temps et pardonner aux noms des personnes vicieuses. Tu as pour ceci Horace, qui, selon Quintilien, tient le premier lieu entre les satyriques. Sonne-moi ces beaux sonnets [1]; non moins

---

[1] *Sonne-moi ces sonnets :* Ceci est un trait du mauvais goût d'alors, auquel le jeune novateur n'a pu

docte que plaisante invention italienne, pour lequel tu as Pétrarque et quelques modernes Italiens. Chante-moi d'une musette bien résonnante les plaisantes églogues rustiques à l'exemple de Théocrite et de Virgile. Quant aux comédies et tragédies, si les rois et les républiques les vouloient restituer en leur ancienne dignité qu'ont usurpée les farces et moralités, je serois bien d'opinion que tu t'y employasses, et si tu le veux faire pour l'ornement de la langue, tu sais où tu en dois trouver les archetypes. »

Je ne crois pas qu'on me reproche d'avoir cité tout entier ce chapitre où la révolution littéraire est si audacieusement proclamée ; il est curieux d'assister à cette démolition complète d'une littérature du moyen âge, au profit de tous les genres de composition de l'anti-

entièrement se soustraire. Nous trouvons plus haut : *Distille* avec un *style*. Ronsard lui-même a cédé quelquefois à ce plaisir de jouer sur les mots : *Dorat* qui *redore* le langage françois ; *Mellin* aux paroles de *miel*, etc.

quité et la réaction analogue qui s'opère aujourd'hui doit lui donner un nouvel intérêt.

Dubellay conseille encore l'introduction dans la langue françoise de mots composés du latin et du grec, recommandant principalement de s'en servir dans les arts et siences libérales. Il recommande, avec plus de raison, l'étude du langage figuré dont la poésie françoise avoit jusqu'alors peu de connoissance; il propose de plus quelques nouvelles alliances de mots accueillies depuis presque toutes : « d'user hardiment de l'infinitif pour le nom, comme l'*aller*, le *chanter*, le *vivre*, le *mourir*; de l'adjectif substantivé, comme le *vide de l'air*, le *frais de l'ombre*, l'*épais des forêts*; des verbes et des participes, qui de leur nature n'ont point d'infinitifs après eux, avec des infinitifs, comme : *tremblant de mourir* pour *craignant de mourir*, etc. Garde-toi encore de tomber en un vice commun, même aux plus excellens de notre langue : c'est l'omission des articles. »

« Je ne veux oublier l'émendation, partie certes la plus utile de nos études; son office est d'ajouter, ôter, ou changer à loisir ce que la première impétuosité et ardeur d'écrire n'avoit permis de faire; il est nécessaire de remettre à part nos écrits nouveaux nés, les revoir souvent, et en la manière des ours, leur donner forme, à force de lécher. Il ne faut pourtant y être trop superstitieux, ou, comme les éléphans, leurs petits, être dix ans à enfanter ses vers. Surtout nous convient avoir quelques gens savans et fidèles compagnons qui puissent connoître nos fautes et ne craignent pas de blesser notre papier avec leurs ongles. Encore te veux-je avertir de hanter quelquefois non-seulement les savans, mais aussi toutes sortes d'ouvriers et gens mécaniques, savoir leurs inventions, les noms des matières et termes usités en leurs arts et métiers pour tirer de là de belles comparaisons et descriptions de toutes choses.

» Vous semble-t-il pas, messieurs, qui êtes si ennemis de votre langue, que notre poète ainsi armé puisse sortir en campagne, et se montrer sur les rangs avec les braves escadrons grecs et romains. Et vous autres si mal équipés, dont l'ignorance a donné le ridicule nom de *rimeur* à notre langue, oserez-vous bien endurer le soleil, la poudre et le dangereux labeur de ce combat? Je suis d'avis que vous vous retiriez au bagage avec les pages et laquais, ou bien (car j'ai pitié de vous) sous les frais ombrages, entre les dames et damoiselles où vos beaux et mignons écrits, non de plus longue durée que votre vie, seront reçus, admirés et adorés. Que plût aux Muses pour le bien que je veux à notre langue que vos ineptes œuvres fussent bannies non seulement, comme elles le sont des bibliothèques des savans, mais de toute la France. »

On voit que les disputes littéraires de ce temps n'étoient pas moins animées qu'elles le sont aujourd'hui. Dubellay s'écrie qu'il faudroit que tous les rois amateurs de leur langue, défendissent d'imprimer les œuvres de ces ignorans.

« Oh! combien je désire voir sécher ces *printemps*, châtier ces petites jeunesses, rabattre ces *coups d'essai*, tarir ces *fontaines*, bref abolir ces beaux titres suffisans pour dégoûter tout lecteur savant d'en lire davantage! Je ne souhaite pas moins que ces *dépourvus*, ces *humbles espérants*, ces *bannis de Liesse*, ces *esclaves*, ces *traverseurs* [1], soient renvoyés à la table ronde, et ces belles petites devises aux gentilshommes et damoiselles, d'où on les a empruntées. Que dirai-je plus? Je supplie à Phébus Apollon, que la France, après avoir été si longuement stérile, grosse de lui, enfante bientôt un poète dont le luth bien résonnant fasse tarir ces enroués cornemuses, non autrement que les grenouilles quand on jette une pierre en leur marais [2] »

[1] Allusion aux ridicules surnoms que prenoient les poètes du temps : *l'Humble espérant* (Jehan le Blond); *le Banni de Liesse* (François Habert); *l'Esclave fortuné* (Michel d'Amboise); *le Traverseur des voies périlleuses* (Jehan Bouchet). Il y avoit encore *le Solitaire* (Jehan Gohorry); *l'Esperonnier de discipline* (Antoine de Saix), etc., etc.

[2] Il s'agit là de Pierre de Ronsard, annoncé comme le Messie par ce nouveau St.-Jean. Dubellay a-t-il voulu équivoquer sur le prénom de Ronsard avec cette figure de la *pierre*? Ce serait peut-être aller trop loin que de le supposer.

Après une nouvelle exhortation aux François d'écrire en leur langue, Dubellay finit ainsi : « Or nous voici, grâce à Dieu, après beaucoup de périls et de flots étrangers, rendus au port à sûreté. Nous avons échappé du milieu des Grecs et au travers des escadrons romains, pénétré jusqu'au sein de la France, tant désirée France. Là, donc, François, marchez courageusement vers cette superbe cité romaine, et de ses serves dépouilles ornez vos temples et autels. Ne craignez plus ces oies criardes, ce fier Manlie et ce traître Camille, qui sous ombre de bonne foi vous surprennent tous nus comptant la rançon du Capitole. Donnez en cette Grèce menteresse et y semez encore un coup la fameuse nation des Gallogrecs. Pillez-moi sans conscience les sacrés trésors de ce temple Delphique, ainsi que vous avez fait autrefois, et ne craignez plus ce muet Apollon ni ses faux oracles. Vous souvienne de votre ancienne Marseille, seconde Athènes; et de votre Hercule gallique tirant les peuples après lui par leurs oreilles avec une chaîne attachée à sa langue. »

C'est un livre bien remarquable que ce livre de Dubellay ; c'est un de ceux qui jettent le plus de jour sur l'histoire de la littérature françoise, et peut-être aussi le moins connu de tous les traités écrits sur ce sujet : je ne sache pas qu'aucun auteur s'en soit servi depuis deux siècles, si ce n'est M. Sainte-Beuve qui en a donné une analyse. Je n'aurois pas hasardé cette citation, beaucoup plus longue encore, si je ne la regardois comme l'histoire la plus exacte que l'on puisse faire de l'école de Ronsard.

En effet, tout est là : à voir comme les réformes prêchées, les théories développées dans la *Défense et illustration de la langue françoise*, ont été fidèlement adoptées depuis et mises en pratique dans tous leurs points, il est même difficile de douter qu'elle ne soit l'œuvre de cette école toute entière : je veux dire de Ronsard, Pontus de Thiard, Remi Belleau, Etienne Jodelle, J. Antoine de Baïf, qui joints à Dubellay, composoient ce qu'on appela depuis la *Pléiade*[1]. Du reste, la plupart de ces auteurs

---

[1] Il est à remarquer que l'*Illustration* ne parle no-

avoient déjà écrit beaucoup d'ouvrages dans le système prêché par Dubellay, bien qu'ils ne les eussent point fait encore imprimer : de plus il est question des *odes* dans l'*Illustration*, et Ronsard dit plus tard dans une préface avoir le premier introduit le mot *ode* dans la langue françoise; ce qu'on n'a jamais contesté.

Mais soit que ce livre ait été de plusieurs mains, soit qu'une seule plume ait exprimé les vœux et les doctrines de toute une association de poètes, il porte l'empreinte de la plus complète ignorance de l'ancienne littérature françoise ou de la plus criante injustice. Tout le mépris que Dubellay professe, à juste titre, envers les poètes de son temps imitateurs des vieux poètes, y est, à grand tort, reporté aussi sur ceux-là qui n'en pouvoient mais. C'est comme si, aujourd'hui, on en vouloit aux auteurs du grand siècle de la platitude des rimeurs modernes qui marchent sous leur invocation.

minativement d'aucun d'entre eux; plusieurs cependant étoient déjà connus. Il me semble que Dubellay n'auroit pas manqué de citer ses amis, s'il eût porté seul la parole.

Se peut-il que Dubellay, qui recommande si fort d'enter sur le tronc national prêt à périr des branches étrangères, ne songe point même qu'une meilleure culture puisse lui rendre la vie et ne le croie pas susceptible de porter des fruits par lui-même. Il conseille de faire des mots d'après le grec et le latin, comme si les sources eussent manqué pour en composer de nouveaux d'après le vieux François seul ; il appuie sur l'introduction des odes, élégies, satyres, etc., comme si toutes ces formes poétiques n'avoient pas existé déjà sous d'autres noms; du poëme antique, comme si les chroniques normandes et les romans chevaleresques n'en remplissoient pas toutes les conditions, appropriées de plus au caractère et à l'histoire du moyen âge; de la tragédie, comme s'il eut manqué aux mystères autre chose que d'être traités par des hommes de génie pour devenir la tragédie du moyen âge, plus libre et plus vraie que l'ancienne. Supposons en effet un instant les plus grands poëtes étrangers et les plus opposés au système classique de l'antiquité, nés en France au seizième siècle, et dans la même situation que Dubellay et ses amis. Croyez-vous qu'ils n'eussent pas été là, et avec les seules ressources et les élémens existans alors dans la littérature françoise, ce qu'ils furent à différentes époques et dans différens pays? Croyez-vous que l'Arioste n'eût pas aussi bien composé son *Roland furieux* avec nos fabliaux et nos poèmes chevaleresques; Shakespear, ses drames avec nos romans, nos chroniques, nos farces et même nos mystères; Le Tasse, sa *Jérusalem*, avec nos livres de chevalerie et les éblouissantes couleurs poétiques de notre littérature romane, etc. Mais les poètes de la réforme classique n'étoient point de cette taille, et peut-être est-il injuste de vouloir qu'ils aient vu dans l'ancienne littérature françoise, ce que ces grands hommes y ont vu, avec le regard du génie, et ce que nous n'y voyons aujourd'hui sans doute que par eux. Au moins rien ne peut-il justifier ce superbe dédain qui fait prononcer aux poètes de la Pléiade, qu'il n'y a absolument rien avant eux, non seulement dans les genres sérieux, mais dans tous ; ne tenant pas plus compte de Rutebœuf que de Charles d'Anjou, de Villon que de Charles d'Orléans de Clément Marot que de Saint-Gelais, et de Rabelais que de Joinville et de Froissart dans la prose. Sans cette ardeur d'exclure, de ne rebâtir que sur des ruines, on ne peut nier que l'étude et même l'imitation momentanée de la littérature antique, n'eussent pu être, dans les circonstances d'alors, très favorables aux progrès de la nôtre et de notre langue aussi ; mais l'excès a tout gâté : de la forme on a passé au fond; on ne s'est pas contenté d'introduire le poëme antique, on a voulu qu'il dît l'histoire des anciens et non la nôtre ; la tragédie, on a voulu qu'elle ne célébrât que les infortunes des illustres familles d'OEdipe et d'Agamemnon : on a amené la poésie à ne reconnoître et n'invoquer d'autres dieux que ceux de la mythologie : en un mot cette expédition présentée si adroitement par Dubellay comme une conquête sur les étrangers, n'a fait au contraire, que les amener vainqueurs dans nos murs; elle a tendu à effacer petit à petit notre caractère de nation, à nous faire rougir de nos usages et même de notre langue au profit de l'antiquité, à nous amener, en un mot, à ce comble de ridicule, qu'au XIX° siècle même nous représentions encore nos rois et nos héros en costumes romains, séduits que nous sommes par de fausses idées de goût et de convenance. Bon Dieu! que diront un jour nos arrière-neveux en découvrant des pierres sépulchrales de chrétiens, qui portent pour légende: DIIS MANIBUS! [1] des monuments où il est inscrit : MDCCCXXX° ANNO, REGNANTE CAROLO DECIMO, PRÆFECTUS ET ÆDILES POSUERUNT, etc [2].

[1] Quelques-unes ne portent que D. M. au sommet de la légende; mais il n'y en a peut-être pas le quart où il ne soit question des *mânes* du défunt. Que d'observations de ce genre il y auroit encore à faire!

[2] Écoutons Paul Courier, à propos des inscriptions latines : « *Camera compotorum* leur paroissoit
» beaucoup plus beau que *la Chambre des comptes* :
» cette manie dura, et même n'a point passé; des

Ne seront-ils pas fondés à croire qu'en l'an 1830 la domination romaine subsistoit encore en France ; de même qu'en lisant quelques lambeaux échappés au temps de notre poésie, ils pourront se persuader que le paganisme étoit aussi notre religion dominante ? C'est certainement à ce défaut d'accord et de sympathie de la littérature classique avec nos mœurs et notre caractère national, qu'il faut attribuer, outre les ridicules anomalies que je viens de citer en partie, le peu de popularité qu'elle a obtenu.

Voici une digression qui m'entraîne bien loin : j'y ai jeté au hasard quelques raisons déjà rebattues, il y en a des volumes de beaucoup meilleures ; et cependant que de gens refusent encore de s'y rendre ! Une tendance plus raisonnable se fait, il est vrai, remarquer depuis quelques années [1], on se met à lire un

» inscriptions nous disent en mots de Cicéron qu'ici
» est le Marché-Neuf ou bien la Place-aux-Veaux. »

[1] Il est à espérer que la révolution de 93 aura

peu d'histoire de France; et quand dans les colléges on sera parvenu à la savoir presque aussi bien que l'histoire ancienne, et quand aussi on consacrera à l'étude de la langue françoise quelques heures arrachées au grec et au latin, un grand progrès sera sans doute accompli pour l'esprit national, et peut-être s'en suivra-t-il moins de dédain pour la vieille littérature françoise, car tout cela se tient.

J'ai accusé l'école de Ronsard de nous avoir imposé une littérature classique quand nous pouvions fort bien nous en passer, et surtout de nous l'avoir imposée si exclusive, si dédaigneuse de tout le passé qui étoit à nous; mais à considérer ses travaux et ses innovations

donné lieu à la dernière explosion de l'imitation des anciens, et que nous en aurons fini cette fois avec les Léonidas, et les Brutus, et les Régulus, et les grandes odes pindariques, et les consuls, et les tribuns, et toute la défroque de la république romaine ajustée au xixe siècle; c'est quelque chose déjà pour nous que d'avoir le coq gaulois en place de l'aigle classique.

sous un autre point de vue, celui des progrès du style et de la couleur poétique, il faut avouer que nous lui devons beaucoup de reconnoissance ; il faut avouer que dans tous les genres qui ne demandent pas une grande force de création, dans tous les genres de poésie gracieuse et légère, elle a surpassé et les poètes qui l'avoient précédée, et beaucoup de ceux qui l'ont suivie. Dans ces sortes de compositions aussi l'imitation classique est moins sensible : les petites odes de Ronsard, par exemple, semblent la plupart inspirées plutôt par les chansons du xii° siècle qu'elles surpassent souvent encore en naïveté et en fraîcheur ; ses sonnets aussi, et quelques-unes de ses élégies sont empreintes du véritable sentiment poétique, si rare quoi qu'on dise, que tout le xviii° siècle, tout riche qu'il est en poésies diverses, semble en être absolumeut dénué.

Mais pour faire sentir les immenses progrès que Ronsard a fait faire à la langue poétique, si pâle jusqu'à lui dans les genres sérieux, il est bon de donner une idée de ce qu'elle étoit au moment qu'il l'a prise. Pour cela, je transcris au hasard le début d'un poëme publié la même année que ses odes pindariques, et par un des auteurs les plus estimés du temps. (*Pandore*, par Guillaume de Tours.)

O dieu Phœbus, des saints poëtes père,
Du grand tonnant la lignée tant clère,
Qui sus ton chef à perruque dorée
Portes les fleurs de Daphnes transmuée
Dans un laurier toujours verd qu'on blasonne,
Car tu t'en ceints, et en fais ta couronne,
Viens, viens à nous, viens ici en la guise
Qu'en Hélicon, haute montagne sise
Très hautement les doctes sœurs enseignes
Là des pieds nus dansantes aux enseignes
De leur gaîté, tout autour des autiers
De ton parent Jupiter et au tiers
Toi réjoui de douce mélodie
Les adoucis et de ta poésie;
Sois ci présent, et au labeur et peine
De toi chantant donne joyeux étrenne
De bien ditter et lui donne faveur,
Car il nous plaît la fable qui n'est moindre
D'aultres narrez intexer et la joindre
Que bien ditta Astreus sainct poëte, etc.

En vérité, rien qui surpasse ces vers, dans toute la haute poésie d'alors; si quelqu'un en doute, qu'il lise encore les hymnes de Marot, de Marot si poète dans les genres plaisans, et il verra quel abîme existoit entre le style élevé et le style gracieux et naïf. Maintenant jugez de quelle admiration le public de 1550 dût se sentir saisi en entendant des strophes pareilles à celles que je vais citer, et qui faisoient partie d'une ode pindarique où le poète racontoit la guerre des dieux contre les titans [1].

> Bellone eut la tête couverte
> D'un acier, sur qui rechignoit
> De Méduse la gueule ouverte,
> Qui pleine de flammes, groghoit;

[1] Cette ode étoit contenue dans le recueil intitulé: *Les quatre premiers Livres d'odes de P. de Ronsard vendomois, ensemble et son Boccaige*; Paris, G. Cavellat, 1555.

Ronsard avoit déjà publié séparément l'année précédente, l'*Hymne de France*, Paris, Vascosan, et l'*Hymne de la paix*, G. Cavellat, 1549. Ces trois pièces très-rares ne sont point indiquées sur le cata-

En sa dextre elle enta la hache
Par qui les rois sont irrités,
Alors que, dépite, elle arrache
Les vieilles tours de leurs cités !

Adonc le Père puissant,
Qui de nerfs roidis s'efforce !
Ne mit en oubli la force
De son foudre rougissant :
Mi-courbant la tête en bas,
Et bien haut levant le bras,
Contre eux guigna sa tempête,
Laquelle, en les foudroyant,
Siffloit, aigu-tournoyant,
Comme un fuseau sur leur tête.

De feu, les deux piliers du monde,
Brulés jusqu'au fond, chanceloient :
Le ciel ardoit, la terre et l'onde
Tout pétillants étinceloient, etc.

La langue est encore la même que dans le morceau cité plus haut ; mais quelle différence dans la vigueur du style et l'éclat de la pensée ! logue de la Bibliothèque royale, ce qui a fait commettre à tous les bibliographes une erreur de date touchant la publication des premiers écrits de Ronsard.

Hé bien ! veut-on savoir tout d'un coup à quoi s'en tenir sur les progrès que Ronsard a fait faire à la langue poétique, qu'on rapproche ce fragment, composé dans ses premières années, des vers suivans, composés dix ans après, pour l'avénement au trône de Charles IX. Ce sont quelques-uns des conseils qu'il lui adresse :

Ne vous montrez jamais pompeusement vêtu :
L'habillement des rois est la seule vertu :
Que votre corps reluise en vertus glorieuses,
Non par habits chargés de pierres précieuses.
D'amis plus que d'argent montrez-vous désireux,
Les princes sans amis sont toujours malheureux ;
Aimez les gens de bien, ayant toujours envie
De ressembler à ceux qui sont de bonne vie ;
Punissez les malins et les séditieux :
Ne soyez point chagrin, dépit, ni furieux,
Mais honnête et gaillard, portant sur le visage
De votre gentille âme un gentil témoignage.

Or, sire, pour autant que nul n'a le pouvoir
De châtier les rois qui font mal leur devoir,
Corrigez-vous vous-même, afin que la justice
De Dieu qui est plus grand vos fautes ne punisse.
Je dis ce puissant Dieu, dont la force est partout,

Qui conduit l'univers de l'un à l'autre bout,
Et fait à tous humains ses justices égales,
Autant aux laboureurs qu'aux personnes royales.
Lequel nous supplions vous tenir en sa loi,
Et vous aimer autant qu'il fit David son roi,
Et rendre comme à lui votre sceptre tranquille,
Car sans l'aide de Dieu la force est inutile.

On pourra juger d'après ces vers, dont le style est en général celui de tous les discours de Ronsard, combien est ridicule l'accusation d'obscurité et de dureté qui depuis deux siècles flétrit ses poésies; et il nous sera de plus loisible d'avancer que La Harpe ne les avoit jamais lues, lorsqu'il s'écrie qu'on ne peut pas lire et comprendre quatre vers de suite de Ronsard. Qu'on me permette de citer encore une de ses élégies, qui sans être partout aussi pure que le morceau précédent, lui est supérieure, ce me semble, sous le rapport de la poésie:

A MARIE.

Six ans étoient coulés, et la septième année
Étoit presques entière en ses pas retournée,

Quand loin d'affection de désir et d'amour,
En pure liberté je passois tout le jour,
Et franc de tout souci qui les âmes dévore,
Je dormois dès le soir jusqu'au point de l'aurore;
Car seul, maître de moi, j'allois plein de loisir
Où le pied me portoit, conduit de mon desir,
Ayant toujours aux mains, pour me servir de guide,
Aristote ou Platon, ou le docte Euripide,
Mes bons hôtes muets, qui ne fâchent jamais;
Ainsi je les reprends, ainsi je les remets.
O douce compagnie, et utile et honnête!
Un autre en caquetant m'étourdiroit la tête.

Puis, du livre ennuyé, je regardois les fleurs,
Feuilles, tiges, rameaux, espèces et couleurs;
Et l'entrecoupement de leurs formes diverses,
Peintes de cent façons, jaunes, rouges et perses [2].
Ne me pouvant souler, ainsi qu'en un tableau,
D'admirer la nature et ce qu'elle a de beau,
Et de dire en passant aux fleurettes écloses:
Celui est presque Dieu qui connoît toutes choses,
Écarté du vulgaire et loin des courtisans
De fraude et de malice impudens artisans.

Tantôt j'errois seulet par les forêts sauvages

---

[1] Bleues.

Sur les bords émaillés des peinturés rivages,
Tantôt par les rochers reculés et déserts,
Tantôt par les taillis, verte maison des cerfs.
J'aimois le cours suivi d'une longue rivière,
A voir onde sur onde allonger sa carrière,
Et flot à l'autre flot en roulant s'attacher ;
Et penché sur le bords, me plaisoit d'y pêcher,
Étant plus réjoui d'une chasse muette,
Troubler des écaillés la demeure secrète,
Tirer avec la ligne en tremblant emporté
Le crédule poisson pris à l'haim appâté,
Qu'un grand prince n'est aise ayant pris à la chasse
Un cerf qu'en hâletant tout un jour il pourchasse :
Heureux si vous eussiez d'un mutuel émoi
Pris l'appât amoureux aussi bien comme moi....
Las! couché dessus l'herbe en mes discours je pense
Que pour aimer beaucoup j'ai peu de récompense,
Et que mettre son cœur aux dames si avant,
C'est vouloir peindre en l'onde et arrêter le vent.
M'assurant toutefois qu'alors que le vieil âge
Aura, comme sorcier, changé votre visage,
Et lorsque vos cheveux deviendront argentés,
Et que vos yeux d'amour ne seront plus hantés,
Que toujours vous aurez, quelque soin qui vous touche,
En l'esprit mes écrits, mon nom en votre bouche.

Le lecteur doit être bien surpris de ne point rencontrer là cette *muse en françois parlant grec et latin* contre laquelle Boileau s'escrime si rudement, de fort bien comprendre ce *patois que jargonnoit Ronsard à la cour des Valois*, et de ne le point trouver si éloigné qu'il croyoit du *beau françois* d'aujourd'hui : c'est qu'il n'est pas en littérature de plus étrange destinée que celle de Ronsard: idole d'un siècle éclairé; illustré de l'admiration d'hommes tels que les de Thou, les L'Hospital, les Pasquier, les Scaliger; proclamé plus tard par Montaigne l'égal des plus grands poètes anciens, traduit dans toutes les langues, entouré d'une considération telle, que le Tasse, dans un voyage à Paris, ambitionna l'avantage de lui être présenté; honoré à sa mort de funérailles presque royales et des regrets de la France entière, il sembloit devoir, selon l'expression de M. Sainte-Beuve, entrer dans la postérité comme dans un temple. Non! la postérité est venue, et elle a convaincu le seizième siècle de mensonge et de mauvais goût, elle a livré au rire et à l'injure les morceaux de l'idole brisée, et des dieux nouveaux se sont substitués à la trop célèbre Pléiade en se parant de ses dépouilles.

La Pléiade, soit : qu'importent tous ces poètes à la suite, qui sont Baïf, Belleau, Ponthus, sous Ronsard; qui sont Racan, Segrais, Sarrazin, sous Malherbe; qui sont Desmahis, Bernis, Villette, sous Voltaire, etc... Mais pour Ronsard il y a encore une postérité : et aujourd'hui surtout qu'on remet tout en question, et que les hautes renommées sont pesées, comme les âmes aux enfers, nues, dépouillées de toutes les préventions, favorables ou non, avec lesquelles elles s'étaient présentées à nous, qui sait si Malherbe se trouvera encore de poids à représenter le père de la poésie classique; ce ne seroit point là le seul arrêt de Boileau qu'auroit cassé l'avenir.

Nous n'exprimons ici qu'un vœu de justice et d'ordre, selon nous, et nous n'avons pas jugé l'école de Ronsard assez favorablement pour qu'on nous soupçonne de partialité. Si notre conviction est erronée, ce ne sera pas faute d'avoir examiné les pièces du procès, faute d'avoir feuilleté des livres oubliés depuis près de trois cents ans. Si tous les auteurs d'histoires littéraires avoient eu cette conscience, on n'auroit pas vu des erreurs grossières se perpétuer dans mille volumes différens, composés les uns sur les autres; on n'auroit pas vu des jugemens définitifs se fonder sur d'aigres et partiales critiques échappées à l'acharnement momentané d'une lutte littéraire, ni de hautes réputations s'échafauder avec des œuvres admirées sur parole.

Non, sans doute, nous ne sommes pas indulgens envers l'école de Ronsard : et en effet, on ne peut que s'indigner, au premier abord, de l'espèce de despotisme qu'elle a introduit en littérature, de cet orgueil avec lequel elle prononçoit le *odi profanum vulgus* d'Horace, repoussant toute popularité comme une injure, et n'estimant rien que le noble, et sacrifiant toujours à l'art le naturel et le vrai. Ainsi aucun poëte n'a célébré davantage et la nature et le printemps que ne l'ont fait ceux du seizième siècle, et croyez-vous qu'ils aient jamais songé à demander des inspirations à la nature et au printemps? Jamais! Ils se contentoient de rassembler ce que l'antiquité avoit dit de plus gracieux sur ce sujet, et d'en composer un tout, digne d'être apprécié par les connoisseurs; il arrivoit de là qu'ils se gardoient de leur mieux d'avoir une pensée à eux, et cela est tellement vrai, que les savans commentaires dont on honoroit leurs œuvres ne s'attachoient qu'à y découvrir le plus possible d'imitations de l'antiquité. Ces poëtes ressembloient en cela beaucoup à certains peintres qui ne composent leurs tableaux que d'après ceux des maîtres, imitant un bras chez celui-ci, une tête chez cet autre, une draperie chez un troisième, le tout pour la plus grande gloire de l'art, et qui traitent d'ignorans ceux qui se hasardent à leur demander s'il ne vaudroit pas mieux imiter tout bonnement la nature.

Puis après ces réflexions qui vous affectent désagréablement à la première lecture des œuvres de la Pléiade, une lecture plus particulière vous réconcilie avec elle : les principes ne valent rien; l'ensemble est défectueux, d'accord; et faux et ridicule; mais on se laisse aller à admirer certaines parties des détails; ce style primitif et verdissant assaisonne si bien de vieilles pensées déjà bannales chez les Grecs et les Romains, qu'elles ont pour nous tout le charme de la nouveauté : quoi de plus rebattu, par exemple, que cette espèce de syllogisme sur lequel est fondée l'odelette de Ronsard : *Mignonne, allons voir si la rose*, etc. Hé bien ! la mise en œuvre en a fait l'un des morceaux les plus frais et les plus gracieux de notre poésie légère. Celle de Belleau, intitulée : *Avril,* toute composée au reste d'idées communes, n'en ravit pas moins quiconque a de la poésie dans le cœur : qui pourroit dire en combien de façons est retournée dans beaucoup d'autres pièces l'éternelle comparaison des fleurs et des amours qui ne durent qu'un printemps; et tant d'autres lieux communs que toutes les poésies fugitives nous offrent encore aujourd'hui ? Hé bien ! nous autres François, qui attachons toujours moins de prix aux choses, qu'à la manière dont elles sont dites, nous nous en laissons charmer, ainsi que d'un accord mille fois entendu, si l'instrument qui le répète est mélodieux.

Voici pour la plus grande partie de l'école de Ronsard [1]; la part du maître doit être plus vaste : toutes ses pensées à lui ne viennent pas de l'antiquité; tout ne se borne pas dans ses écrits à la grâce et à la naïveté de l'expression: on tailleroit aisément chez lui plusieurs poètes fort remarquables et fort distincts, et peut-être suffiroit-il pour cela d'attribuer à chacun d'eux quelques années successives de sa vie. Le poète pindarique se présente d'abord : c'est au style de celui-là qu'ont pu s'adresser avec le plus de justice les reproches d'obscurité, d'hellénisme, de latinisme et d'enflure qui se sont perpétués sans examen jusqu'à nous de notice en notice : l'étude des autres poètes du temps

---

[1] Nous nous occuperons plus en détail des différens auteurs du xvi⁰ siècle dans le volume qui contiendra les poésies de ceux du xvii⁰, afin de marquer mieux la filiation des écoles diverses entre elles.

auroit cependant prouvé que ce style existoit avant lui : cette fureur de faire des mots d'après les anciens a été attaquée par Rabelais, bien avant l'apparition de Ronsard et de ses amis; au total il s'en trouve peu chez eux qui ne fussent en usage déjà. Leur principale affaire étoit l'introduction des formes classiques, et bien qu'ils aient aussi recommandé celle des mots, il ne paroît pas qu'ils s'en soient occupés beaucoup, et qu'ils aient même employé les premiers ces doubles mots qu'on a représenté comme si fréquens dans leur style.

Voici venir maintenant le poète amoureux et anacréontique : à lui s'adressent les observations faites une page plus haut, et c'est celui-là qui a le plus fait école : vers les derniers temps, il tourne à l'élégie, et là seulement peu de ses imitateurs ont pu l'atteindre, à cause de la supériorité avec laquelle il y manie l'alexandrin, employé fort peu avant lui, et qu'il a immensément perfectionné.

Ceci nous conduit à la dernière époque du talent de Ronsard, et ce me semble à la plus brillante, bien que la moins célébrée.

Ses discours contiennent en germe l'épitre et la satire régulière, et mieux que tout cela une perfection de style qui étonne plus qu'on ne peut dire. Mais aussi combien peu de poètes l'ont immédiatement suivi dans cette région supérieure! Régnier seulement s'y présente long-temps après, et on ne se doute guère de tout ce qu'il doit à celui qu'il avouoit hautement pour son maître.

Dans les discours surtout se déploie cet alexandrin fort et bien rempli, dont Corneille eut depuis le secret, et qui fait contraster son style avec celui de Racine d'une manière si remarquable: il est singulier qu'un étranger, M. Schlegel, ait fait le premier cette observation: « Je regarde comme incontestable, dit-il, que le grand Corneille appartienne encore à certains égards, pour la langue surtout, à cette ancienne école de Ronsard, ou du moins la rappelle souvent. » On se convaincra bien aisément de cette vérité en lisant les discours de Ronsard, et surtout celui des misères du temps.

Depuis peu d'années, quelques poètes, et

Victor Hugo surtout, paroissent avoir étudié cette versification énergique et brillante de Ronsard, dégoûtés qu'ils étoient de l'autre : j'entends la versification *racinienne*, si belle à son commencement, et que depuis on a tant usée et aplatie à force de la limer et de la polir. Elle n'étoit point usée au contraire celle de Ronsard et de Corneille, mais rouillée seulement, faute d'avoir servi.

Ronsard mort, après toute une vie de triomphes incontestés, ses disciples, tels que les généraux d'Alexandre, se partagèrent tout son empire, et achevèrent paisiblement d'asservir ce monde littéraire, dont certainement sans lui ils n'eussent pas fait la conquête. Mais, pour en conserver long-temps la possession, il eût fallu, ou qu'eux-mêmes ne fussent pas aussi secondaires qu'ils étoient, ou qu'un maître nouveau étendit sur tous ces petits souverains une main révérée et protectrice. Cela ne fut pas; et dès-lors on dût prévoir, aux divisions qui éclatèrent, aux prétentions qui surgirent, à la froideur et à l'hésitation du public envers les œuvres nouvelles, l'imminence d'une révolution analogue à celle de 1549, dont le grand souvenir de Ronsard, qui survivoit encore craint des uns et vénéré du plus grand nombre, pouvoit seul retarder l'explosion de quelques années.

Enfin Malherbe vint! et la lutte commença. Certes! il étoit alors beaucoup plus aisé que du temps de Ronsard et de Dubellay de fonder en France une littérature originale : la langue poétique étoit toute faite, grâce à eux; et, bien que nous nous soyions élevé contre la poésie antique substituée par eux à une poésie du moyen âge, nous ne pensons pas que cela eût nui à un homme de génie, à un véritable réformateur venu immédiatement après eux; cet homme de génie ne se présenta pas : de là tout le mal : le mouvement imprimé dans le sens classique, qui eût pu même être de quelque utilité comme secondaire, fut pernicieux, parce qu'il domina tout : la réforme prétendue de Malherbe ne consista absolument qu'à le régulariser, et c'est de cette opération qu'il a tiré toute sa gloire.

[1] Il ne s'agit dans tout ceci que de principes gé-

On sentoit bien dès ce temps-là combien cette réforme annoncée si pompeusement étoit mesquine, et conçue d'après des vues étroites. Regnier surtout, Regnier, poète d'une toute autre force que Malherbe, et qui n'eut que le tort d'être trop modeste, et de se contenter d'exceller dans un genre à lui, sans se mettre à la tête d'aucune école, tance celle de Malherbe avec une sorte de mépris :

Cependant leur savoir ne s'étend seulement
Qu'à regratter un mot douteux au jugement ;
Prendre garde qu'un *qui* ne heurte une diphtongue,
Épier si des vers la rime est brève ou longue,
Ou bien si la voyelle à l'autre s'unissant,
Ne rend point à l'oreille un vers trop languissant,
Et laissent sur le verd le noble de l'ouvrage.

(*Voy.* toute la satire intit. : *le Critique outré.*)

Tout cela est très-vrai. Malherbe réformoit en grammairien, en éplucheur de mots, et non pas en poète ; et, malgré toutes ses invectives, néraux. Nous avançons que le système classique a été fatal aux auteurs des deux siècles derniers, sans porter du reste aucune atteinte à leur gloire et au mérite de leurs écrits.

contre Ronsard, il ne songeoit pas même qu'il y eût à sortir du chemin qu'avoient frayé les poètes de la Pléiade, ni par un retour à la vieille littérature nationale, ni par la création d'une littérature nouvelle, fondée sur les mœurs et les besoins du temps, ce qui, dans ces deux cas, eût probablement amené à un même résultat. Toute sa prétention à lui fut de purifier le fleuve qui couloit du limon que rouloient ses ondes, ce qu'il ne put faire sans lui enlever aussi en partie l'or et les germes précieux qui s'y trouvoient mêlés : aussi voyez ce qu'a été la poésie après lui : je dis la poésie.

L'art, toujours l'art, froid, calculé, jamais de douce rêverie, jamais de véritable sentiment religieux, rien que la nature ait immédiatement inspiré : le correct, le beau exclusivement; une noblesse uniforme de pensées et d'expression ; c'est Crésus qui a le don de changer en or tout ce qu'il touche. Décidément le branle est donné à la poésie classique : la Fontaine seul y résistera, aussi Boileau l'oubliera-t-il dans son art poétique.

PIERRE DE RONSARD.

PIERRE DE RONSARD.

ODES.

ODE PREMIÈRE.

A J. DAURAT.

Mon Daurat, nos ans coulent
Comme les eaux qui roulent
D'un cours sempiternel ;
La Mort pour sa séquelle
Nous ameine avec elle
Un exil éternel.

Nulle humaine prière
Ne repousse en arrière

Le bateau de Charon,
Quand l'ame nue arrive
Vagabonde en la rive
De Styx et d'Acheron.

Toutes choses mondaines,
Qui vestent nerfs et veines,
La mort égale prend,
Soient pauvres ou soient princes :
Dessus toutes provinces
Sa main large s'étend.

Qu'à bon droit Prométhée,
Pour sa fraude inventée,
Souffre un tourment cruel !
Qu'un aigle sur la roche
Luy ronge d'un bec croche
Son cœur perpétuel !

Depuis qu'il eut robée
La flamme prohibée
Pour les Dieux despiter,
Les bandes incognues
Des fièvres sont venues
Nostre terre habiter.

Et la mort despiteuse,

Auparavant boiteuse,
Fut légère d'aller;
D'ailes mal ordonnées,
Aux hommes non données,
Dédale coupa l'air.

La maudite Pandore
Fut forgée, et encore
Astrée s'envola,
Et la boîte féconde
Peupla le pauvre monde
De tant de maux qu'il a.

ODE II.

Dieu vous gard, messagers fidelles
Du printemps, vistes arondelles,
Huppes, coucous, rossignolets,
Tourtres, et vous oiseaux sauvages
Qui de cent sortes de ramages
Animez les bois verdelets !

Dieu vous gard, belles paquerettes,
Belles roses, belles fleurettes,
Et vous boutons jadis coghus
Du sang d'Ajax et de Narcisse,
Et vous, thym, anis et melisse,
Vous soyez les bien revenus !

Dieu vous gard, troupe diaprée
Des papillons, qui par la prée
Les douces herbes suçotez,
Et vous, nouvel essain d'abeilles,
Qui les fleurs jaunes et vermeilles
De vostre bouche baisotez !

Cent mille fois je resalue
Vostre belle et douce venue:
O que j'aime ceste saison,
Et ce doux caquet des rivages,
Au prix des vents et des orages
Qui m'enfermoient en la maison !

ODE III.

Mignonne, allons voir si la rose
Qui ce matin avoit desclose
Sa robe de pourpre au soleil,
A point perdu, ceste vesprée,
Les plis de sa robe pourprée,
Et son teint au vostre pareil.

Las! voyez comme en peu d'espace,
Mignonne, elle a dessus la place,
Las! las! ses beautez laissé cheoir!
O vrayement marastre nature,
Puis qu'une telle fleur ne dure
Que du matin jusques au soir!

Donc, si vous me croyez, Mignonne,
Tandis que vostre âge fleuronne
En sa plus verte nouveauté,
Cueillez, cueillez vostre jeunesse;
Comme à ceste fleur la vieillesse
Fera ternir vostre beauté.

ODE IV.

Bel Aubespin fleurissant,
    Verdissant
Le long de ce beau rivage,
Tu es vestu jusqu'au bas
    Des longs bras
D'une lambrunche sauvage.

Deux camps de rouges fourmis
    Se sont mis
En garnison sous ta souche ;
Dans les pertuis de ton tronc,
    Tout du long,
Les avettes[1] ont leur couche.

Le chantre rossignolet
    Nouvelet,
Courtisant sa bien-aimée,
Pour ses amours alléger,
    Vient loger
Tous les ans en ta ramée.

[1] Abeilles.

Sur ta cime il fait son ny
    Tout uny
De mousse et de fine soye,
Où ses petits escloront,
    Qui seront
De mes mains la douce proye.

Or vy, gentil Aubespin,
    Vy sans fin,
Vy sans que jamais tonnerre,
Ou la coignée, ou les vents,
    Ou les temps,
Te puissent ruer par terre.

ODE V.

Sur tous parfums j'ayme la rose
Dessur l'espine en may desclose,
Et l'odeur de la belle fleur
Qui de sa première couleur
Pare la terre quand la glace
Et l'hyver au soleil font place.

Les autres boutons vermeillets,
La giroflée et les œillets,
Et le bel esmail qui varie
L'honneur gemmé d'une prairie,
En mille lustres s'esclatant,
Ensemble ne me plaisent tant
Que fait la rose pourperette,
Et de mars la blanche fleurette.

Que sçauray-je pour le doux flair
Que je sens au moyen de l'air,
Prier pour vous deux autre chose,

Sinon que toy, bouton de rose,
Du teint de honte accompagné,
Sois tousjours en may rebaigné
De la rosée qui doux-glisse,
Et jamais juin ne te fanisse?

Ny à toy, fleurette de mars,
Jamais l'hyver, lors que tu pars
Hors de la terre, ne te face
Pancher morte dessus la place ;
Ains tousjours, maugré la froideur,
Puisse-tu de ta soueEve odeur
Nous annoncer que l'an se vire
Plus doux vers nous, et que Zéphyre,
Après le tour du fascheux temps,
Nous rameine le beau printemps.

ODE VI.

DE L'ÉLECTION DE SON SÉPULCHRE.

Antres, et vous fontaines,
De ces roches hautaines
Qui tombez contre-bas
  D'un glissant pas;

Et vous, forêts et ondes
Par ces prez vagabondes,
Et vous, rives et bois,
  Oyez ma voix.

Quand le ciel et mon heure
Jugeront que je meure,
Ravi du beau séjour
  Du commun jour,

Je défens qu'on ne rompe
Le marbre pour la pompe

De vouloir mon tombeau
 Bastir plus beau.

Mais bien je veux qu'un arbre
M'ombrage en lieu d'un marbre,
Arbre qui soit couvert
Tousjours de verd.

De moi puisse la terre
Engendrer un lierre,
M'embrassant en maint tour
 Tout à l'entour.

Et la vigne tortisse
Mon sépulchre embellisse,
Faisant de toutes parts
 Un ombre espars.

Là viendront chaque année
A ma feste ordonnée,
Avecques leurs toreaux
 Les pastoureaux ;

Puis ayans fait l'office
Du dévot sacrifice,
Parlans à l'Isle ainsi,
 Diront ceci :

Que tu es renommée
D'estre tombe nommée
D'un de qui l'univers
    Chante les vers !

Qui oncques en sa vie
Ne fut brûlé d'envie
D'acquérir les honneurs
    Des grands seigneurs !

Ny n'enseigna l'usage
De l'amoureux breuvage,
Ny l'art des anciens
    Magiciens !

Mais bien à nos campagnes
Fit voir les Sœurs compagnes,
Foulantes l'herbe aux sons
    De ses chansons.

Car il fit à sa lyre
Si bons accords eslire,
Qu'il orna de ses chants
    Nous et nos champs.

En douce manne tombe
A jamais sur sa tombe,

Et l'humeur que produit
  En may la nuit.

Tout à l'entour l'emmure
L'herbe et l'eau qui murmure,
L'un tousjours verdoyant,
  L'autre ondoyant.

Et nous ayant mémoire
De sa fameuse gloire,
Luy ferons comme à Pan
  Honneur chaque an.

Ainsi dira la troupe,
Versant de mainte coupe
Le sang d'un agnelet
  Avec du lait.

Dessur moy qui à l'heure
Seray par la demeure
Où les heureux esprits
  Ont leur pourpris.

La gresle ne la nège
N'ont tels lieux pour leur siège,
Ne la foudre oncques là
  Ne dévala.

Mais bien constante y dure
L'immortelle verdure,
Et constant en tout temps
Le beau printemps.

ODE VII.

Ah Dieu ! que malheureux nous sommes !
Ah Dieu ! que de maux en un temps
Offensent la race des hommes !
Semblable aux fueilles du printemps,
Qui vertes dessus l'arbre croissent,
Puis elles, l'automne suivant,
Seiches à terre n'apparoissent
Qu'un jouet remoqué du vent.

Vrayement l'espérance est meschante
D'un faux masque elle nous déçoit,
Et tousjours pipant elle enchante
Le pauvre sot qui la reçoit ;
Mais le sage, qui ne se fie
Qu'en la plus seure vérité,
Sçait que le tout de nostre vie
N'est rien que pure vanité.

Tandis que la crespe jouvence
La fleur des beaux ans nous produit,

Jamais le jeune enfant ne pense
A la vieillesse qui le suit :
Ne jamais l'homme heureux n'espere
De se voir tomber en meschef,
Sinon alors que la misère
Desja luy pend dessus le chef.

Homme débile et misérable !
Pauvre abusé ! ne sçais-tu pas
Que la jeunesse est peu durable,
Et que la mort guide nos pas,
Et que nostre fangeuse masse
Si tost s'esvanouit en rien,
Qu'à grand peine avons nous l'espace
De gouster la douceur du bien ?

Le destin et la parque noire
En tous âges sillent nos yeux :
Jeunes et vieux ils meinent boire
Les flots du lac oublivieux :
Mesmes les rois, foudres de guerre,
Despouillez de veines et d'os,
Ainsi que vachers sous la terre
Viendront au throne de Minos.

C'est pitié que de nostre vie :
Par les eaux l'avare marchant,

Se voit sa chère ame ravie ;
Le soudart par le fer trenchant ;
Celuy par un procès se ruine,
Et se bannist du doux sommeil,
Et l'autre accueilly de famine
Perd la lumière du soleil.

Bref, on ne voit chose qui vive
Sans estre serve de douleur ;
Mais sur tout la race chétive
Des hommes foisonne en malheur.
Du malheur nous sommes la proye :
Aussi Phœbus ne vouloit pas
Pour eux à bon droit devant Troye
Se mettre aux dangers des combats.

Ah ! que maudite soit l'asnesse,
Laquelle pour trouver de l'eau,
Au serpent donna la jeunesse,
Qui tous les ans change de peau !
Jeunesse que le populaire
De Jupiter avoit receu
Pour loyer de n'avoir sceu taire
Le secret larrecin du feu.

Dès ce jour devint enlaidie
Par luy la santé des humains

De vieillesse et de maladie,
Des hommes hostes inhumains :
Et dès ce jour il fist entendre
Le bruit de son foudre nouveau,
Et depuis n'a cessé d'espandre
Les dons de son mauvais tonneau.

ODE VIII.

A LA HAYE.

Ceux qui semoient par sus leur dos
De nostre grand' Mère les os
Dans les déserts des vuides terres
Pour r'animer le genre humain,
Tousjours ne jettoient de leur main
La dure semence les pierres.

Mais bien aucunesfois ruoient
Des diamans qui se muoient,
Changeans leur dur en la naissance
D'un peuple rare et précieux,
Qui encore de ses ayeux
Donne aujourd'huy la cognoissance.

Ton beau rayon qui brille joy,
Monstre qu'un diamant ainsi
Muant en toy sa forme claire,
L'estre semblable t'a donné;
Car des pierres tu n'es point né
Comme fut ce gros populaire.

Il a l'esprit dur et plombé,
Tousjours vers la terre courbé,
Jamais au beau ne dresse l'aile :
Le tien s'élève sainctement;
Balancé d'un vol hautement
Autour de toute chose belle.

Les Amours n'aiment tant les pleurs,
La mousche ne suit tant les fleurs,
Ne les veinqueurs tant les couronnes,
La Haye, comme tu poursuis
Les doctes Muses que tu suis
Comme tes plus chères mignonnes.

Nul mieux que toy parmy les bois
Ne contrefait leur belle vois,
Et nul par les roches hautaines
Ne les va mieux accompagnant,
Ne mieux près d'elles se baignant
Sous le crystal de leurs fontaines.

ODE IX.

A LA FORÊT DE GASTINE.

Couché sous tes ombrages vers,
  Gastine, je te chante,
Autant que les Grecs par leurs vers
  La forest d'Érymanthe.

Car malin celer je ne puis
  A la race future
De combien obligé je suis
  A ta belle verdure :

Toy qui sous l'abri de tes bois
  Ravy d'esprit m'amuses ;
Toy qui fais qu'à toutes les fois
  Me respondent les Muses ;

Toy par qui de l'importun soin
  Tout franc je me délivre,

Lorsqu'en toi je me pers bien loin,
    Parlant avec un livre.

Tes boccages soient toujours pleins
    D'amoureuses brigades,
De satyres et de sylvains,
    La crainte des Naïades;

En toy habite désormais
    Des Muses le collège,
Et ton bois ne sente jamais
    La flamme sacrilège.

ODE X.

A GUILLAUME DES AUTELS.

Des Autels, qui redore
Le langage François,
Oye ces vers qui honore
Mon terroir vandômois.

O terre fortunée,
Des Muses le séjour !
Que le cours de l'année
Serène d'un beau jour !

En toy le ciel non chiche,
Prodiguant son bon-heur,
A de la corne riche
Renversé tout l'honneur.

Deux longs tertres te ceignent,
Qui de leur flanc hardi

Les aquilons contraignent
Et les vents du midi.

Sur l'un Gastine sainote,
Mère des demy-dieux,
Sa tête de verd peinte
Envoye jusqu'aux cieux ;

Et sur l'autre prend vie
Maint beau cep dont le vin
Porte bien peu d'envie
Au vignoble angevin.

Le Loir tard à la fuite
En soy s'esbanoyant,
D'eau lentement conduite
Tes champs va tournoyant ;

Et rend en prez fertile
Le pays traversé
Par l'honneur qui distile
De son limon versé.

Bien qu'on n'y voye querre
Par flots injurieux
De quelque estrange terre
L'or tant laborieux ;

Et la gemme peschée
En l'Orient, si cher,
Chez toy ne soit cherchée
Par l'avare nocher.

L'Inde pourtant ne pense
Te veincre : car les dieux
D'une autre recompense
Te fortunent bien mieux.

La Justice grand'erre
S'enfuyant d'icy bas,
Imprima sur la terre
Le dernier de ses pas ;

Et s'encore à ceste heure
De l'antique saison
Quelque vertu demeure,
Tu es bien sa maison.

Bref, quelque part que j'erre,
Tant le ciel m'y soit dous,
Ce petit coin de terre
Me rira par sus tous.

Là je veux que la Parque
Tranche mon fatal fil,

ODES.

Et m'envoye en la barque
De perdurable exil.

Là te faudra respandre
Maintes larmes parmy
Les ombres et la cendre
De Ronsard ton amy.

ODE XI.

Versons ces roses en ce vin,
Et ce bon vin versons ces roses,
Et buvons l'un à l'autre, afin
Qu'au cœur nos tristesses encloses,
Prennent en boivant quelque fin.

La belle Rose du printemps,
Aubert, admoneste les hommes
Passer joyeusement le temps,
Et pendant que jeunes nous sommes,
Esbattre la fleur de nos ans.

Tout ainsi qu'elle défleurit,
Fanie en une matinée;
Ainsi nostre âge se flestrit,
Las! et en moins d'une journée
Le printemps d'un homme périt!

Ne vois-tu pas hier Brinon
Parlant et faisant bonne chère,

Qui, las ! aujourd'hui n'est sinon
Qu'un peu de poudre en une bierre
Qui de luy n'a rien que le nom ?

Nul ne desrobe son trespas :
Chiron serre tout en sa nasse ;
Rois et pauvres tombent là bas :
Mais cependant le temps se passe,
Rose, et je ne te chante pas !

La Rose est l'honneur d'un pourpris,
La Rose est des fleurs la plus belle,
Et dessus toutes a le pris ;
C'est pour cela que je l'appelle
La violette de Cypris.

La Rose est le bouquet d'Amour,
La Rose est le jeu des Charites,
La Rose blanchit tout autour
Au matin de perles petites
Qu'elle emprunte du poinct du jour.

Est-il rien sans elle de beau ?
La Rose embellit toutes choses,
Vénus de Roses a la peau,
Et l'Aurore a les doigts de Roses,
Et le front le soleil nouveau.

Que le mien en soit couronné,
Ce m'est un laurier de victoire :
Sus, appelons le deux fois né [1],
Le bon père, et le faisons boire,
De cent Roses environné.

[1] Bacchus.

ODE XII.

Ma douce jouvence est passée,
Ma première force est cassée,
J'ai la dent noire et le chef blanc,
Mes nerfs sont dissous, et mes veines,
Tant j'ai le corps froid, ne sont pleines,
Que d'une eau rouge en lieu de sang.

Adieu ma lyre, adieu fillettes,
Jadis mes douces amourettes,
Adieu je sens venir ma fin :
Nul passetemps de ma jeunesse
Ne m'accompagne en la vieillesse,
Que le feu, le lict et le vin.

J'ai la teste toute estourdie
De trop d'ans et de maladie,
De tous costez le soin me mord :
Et soit que j'aille ou que je tarde,
Tousjours après moy je regarde
Si je verray venir la mort,

Qui doit, ce me semble, à toute heure
Me mener là bas, où demeure
Je ne sçay quel Pluton, qui tient
Ouvert à tous venans ùn antre
Où bien facilement on entre,
Mais d'où jamais on ne revient.

ODE XIII.

La mercerie que je porte,
Bertran, est bien d'une autre sorte
Que celle que l'usurier vend
Dedans ses boutiques avares,
Ou celles des Indes barbares
Qui enflent l'orgueil du Levant.

Ma douce navire immortelle
Ne se charge de drogue telle :
Et telle de moy tu n'attens,
Ou si tu l'attends tu t'abuses :
Je suis le trafiqueur des Muses,
Et de leurs biens maistres du temps.

Leur marchandise ne s'estalle
Au plus offrant dans une halle,
Leur bien en vente n'est point mis,
Et pour l'or il ne s'abandonne :
Sans plus, libéral je le donne
A qui me plaist de mes amis.

Reçoy donque ceste largesse,
Et croy que c'est une richesse
Qui par le temps ne s'use pas ;
Mais contre le temps elle dure,
Et de siècle en siècle plus dure,
Ne donne point aux vers d'appas.

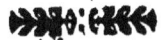

ODE XIV.

Mon neveu, sui la vertu :
Le jeune homme revestu
De la science honnorable
Aux peuples en chacun lieu
Apparoist un demi-dieu
Pour son sçavoir vénérable.

Sois courtois, sois généreux,
Sois en guerre valeureux ;
Aux petits ne fais injures ;
Mais, si un grand te fait tort,
Souhaitte plustost la mort
Que d'un seul point tu l'endures.

Jamais en nulle saison
Ne cagnarde en ta maison ;
Voy les terres estrangères :
Faisant service à ton roy,
Et garde tousjours la loy
Que souloient garder tes pères.

Ne sois menteur ny paillard,
Yvrongne ny babillard ;
Fay que ta jeunesse caute,
Soit vieille devant le temps ;
Si bien ces vers tu entens,
Tu ne feras jamais faute.

ODE XV.

Les Muses lièrent un jour
De chaisnes de roses Amour,
Et, pour le garder, le donnèrent
Aux Grâces et à la Beauté,
Qui, voyant sa desloyauté,
Sus Parnasse l'emprisonnèrent.

Si tost que Vénus l'entendit,
Son beau ceston elle vendit
A Vulcan, pour la délivrance
De son enfant, et tout soudain,
Ayant l'argent dedans la main,
Fit aux Muses la révérence :

Muses, déesses des chansons,
Quand il faudroit quatre rançons
Pour mon enfant, je les apporte :
Délivrez mon fils prisonnier.
Mais les Muses l'ont fait lier
D'une chaisne encore plus forte.

Courage donques, amoureux,
Vous ne serez plus langoureux :
Amour est au bout de ses ruses,
Plus n'oseroit ce faux garçon
Vous refuser quelque chanson,
Puis qu'il est prisonnier des Muses.

ODE XVI.

SUR LA MORT
DE
MARGUERITE DE FRANCE,

SOEUR DU ROY FRANÇOIS Ier.

Bien-heureuse et chaste cendre,
Que la mort a fait descendre
Dessous l'oubly du tombeau !
Tombeau qui vrayment enserre
Tout ce qu'avoit nostre terre
D'honneur, de grâce et de beau !

Comme les herbes fleuries
Sont les honneurs des prairies,
Et des prez les ruisselets,
De l'orme la vigne aimée,
Des bocages la ramée,
Des champs les bleds nouvelets ;

Ainsi tu fus, ô princesse!
(Ainçois plustost, ô déesse!)
Tu fus la perle et l'honneur
Des princesses de nostre âge,
Soit en splendeur de lignage,
Soit en biens, soit en bon-heur!

Il ne faut point qu'on te face
Un sépulchre qui embrasse
Mille termes en un rond,
Pompeux d'ouvrages antiques,
Et brave en pilliers doriques
Élevés à double front.

L'airain, le marbre et le cuivre
Font tant seulement revivre
Ceux qui meurent sans renom,
Et desquels la sépulture
Presse sous mesme closture
Le corps, la vie et le nom.

Mais toy, dont la renommée
Porte d'une aile animée
Par le monde tes valeurs,
Mieux que ces poinctes superbes
Te plaisent les douces herbes,
Les fontaines et les fleurs.

Vous, pasteurs, que la Garonne
D'un demi-tour environne,
Au milieu de vos prez vers,
Faites sa tombe nouvelle,
Gravez un tableau sus elle
Du long cercle de ces vers :

Ici la Royne sommeille
Des roynes la nompareille,
Qui si doucement chanta,
C'est la Royne MARGUERITE,
La plus belle fleur d'élite
Qu'onque l'Aurore enfanta.

Puis sonnez vos cornemuses,
Et menez au bal les Muses
En un cerne tout autour,
Soit aux jours de la froidure,
Ou quand la jeune verdure
Fera son nouveau retour.

Aux rais cornus de la lune
Assemblez sous la nuict brune,
Sur les bords d'un ruisselet,
Vos nymphes et vos driades,
Donnez-luy dix mille aubades
Au doux son du flageolet.

Tous les ans soit recouverte
De gazon sa tombe verte,
Et qu'un ruisseau murmurant,
Neuf fois recourbant ses ondes,
De neuf torches vagabondes
Aille sa tombe emmurant.

Dites à vos brebiettes :
Fuyez-vous-en, camusettes ;
Gaignez l'ombre de ce bois ;
Ne broutez en ceste préo :
Toute l'herbe en est sacrée
A la nymphe de Valois.

Dites qu'à tout jamais tumbe
La manne dessus sa tombe ;
Dites aux filles du ciel :
Venez, mousches mesnagères,
Pliez vos ailes légères,
Faites icy vostre miel.

Dites-leur : troupes mignonnes,
Que vos liqueurs seroient bonnes,
Si leur douceur égaloit
La douceur de sa parole,
Lors que sa voix douce et molle
Plus douce que miel couloit !

Dites que les mains avares
N'ont pillé des lieux barbares
Telle MARGUERITE encor :
Qui fut par son excellence
L'Orient de nostre France,
Ses Indes et son trésor.

Ombragez d'herbes la terre,
Tapissez-la de lierre ;
Plantez un cyprès aussi ;
Et notez dedans à force,
Sur la nouailleuse escorce
De rechef ces vers ici :

Pasteurs, si quelqu'un souhète
D'estre fait nouveau poëte,
Dorme au frais de ces rameaux :
Il le sera sans qu'il ronge
Le laurier, ou qu'il se plonge
Sous l'eau des tertres jumeaux.

Semez après mille roses,
Mille fleurettes descloses,
Versez du miel et du laict ;
Et, pour annuel office,
Respandez en sacrifice
Le sang d'un blanc aignelet.

Faites encore à sa gloire,
Pour en fester la mémoire,
Mille jeux et mille esbats :
Vostre royne saincte et grande
Du haut du ciel vous le commande :
Pasteurs, n'y faillez donc pas.

Iô, iô, Marguerite,
Soit que ton esprit habite
Sur la nue, ou dans les champs
Que le long oubli couronne,
Oy ma lyre qui te sonne,
Et favorise mes chants.

ODE XVII.

AU ROY HENRY II.

Je te veux bastir une ode,
La maçonnant à la mode
De tes palais honorez,
Qui pour parade ont l'entrée
Et de porfire accoustrée,
Et de hauts piliers dorez;

Afin que le front de l'œuvre
Du premier regard descœuvre
Tous les trésors du dedans.
Je veux peindre en telle sorte
Tes vertus dessur la porte
Merveille des regardans.

Sur deux termes de mémoire
Je veux graver la victoire
Dont l'Anglois fut combatu,

Et veux encor y portraire
Les batailles de ton père,
Soustenu de ta vertu.

Lorsque ton jeune courage
S'opposa contre la rage
De l'empereur despité,
Se ventant d'avoir la foudre
Dont il briseroit en poudre
Paris, ta grande cité.

Le conseil et la vaillance,
Par une égale balance,
Toujours veillent à l'entour
Des affaires qui sont pleines
D'un labyrinthe de peines,
S'entresuivans à leur tour.

Ce que la faveur céleste
Par toy nous rend manifeste,
Comme n'ayant desdaigné,
Dès ta première jeunesse,
De conseil et de prouesse
Toujours estre accompagné.

Aussi, prince, ta main forte
A fait voir en mainte sorte

L'impuissance d'éviter
Les efforts de ton armée,
Quand ta colère enflammée
Justement veut s'irriter.

Des Sœurs la plus ancienne
Sur la roche thespienne,
Dont je suis le citoyen,
Me garde une voix hardie,
Afin que brave je die
L'autheur de ton sang troyen.

De celle aux peuples estranges
Je sonneray tes louanges,
Lorsque ton bras belliqueur
Aura foudroyé le monde,
Et que Thétis de son onde
Te confessera vainqueur.

Les Muses ont à leur corde
Deux tons divers : l'un s'accorde
Aux trompettes des grands rois ;
L'autre, plus bas, ne s'allie
Qu'au luth mignard de Thalie,
Touché doucement des dois.

De ce bas ton je te chante

Maintenant, et si me vante
De ne sonner jamais roy
Qui en bonté te ressemble,
Ne prince qui soit ensemble
Si preux et sçavant que toy.

Sus donc, FRANCE, ouvre la bouche
Au son du luth que je touche :
Dy que le ciel t'a donné
Un roy dispos à combattre,
Et prompt par les lois d'abattre
Le péché désordonné.

Et toy, vendomoise lyre,
Mieux que devant faut eslire
Un vers pour te marier,
Afin que tu face croire
Que véritable est la gloire
Qu'on t'a voulu dédier.

Tu resjouys nostre prince,
Tu contentes sa province,
Et mille furent espris
De contrefaire ta grace,
Et, suivans ta mesme trace,
Ont voulu gaigner le prix.

Mais, ô Phébus! authorise
Mon chant et le favorise,
Qui ose entonner le loz
De ce grand roy qui t'honore,
Et ses beaux blasons décore
De l'arc qui charge ton dos.

Et fay tant que sa hautesse,
Daigne voir ma petitesse,
Qui vient des rives du Loir
Criant sa force et justice,
Afin que l'âge qui glisse,
Ne les mette à nonchaloir;

Et qui doit chanter la gloire
De sa future victoire,
S'elle advient; car, en tout lieu,
De la chose non tissue
L'heureuse fin et l'issue
Se cache en la main de Dieu.

DISCOURS.

A CHARLES IX.

Sire, ce n'est pas tout que d'estre roy de France,
Il faut que la vertu honore vostre enfance.
Un roy, sans la vertu, porte le sceptre en vain,
Qui ne luy sert sinon d'un fardeau dans la main.

On conte que Thétis, la femme de Pélée,
Après avoir la peau de son enfant bruslée,
Pour le rendre immortel, le prit en son giron,
Et de nuit l'emporta dans l'antre de Chiron,
Chiron, noble centaure, afin de luy apprendre
Les plus rares vertus dès sa jeunesse tendre,
Et de science et d'art son Achille honorer :
Un roy, pour estre grand, ne doit rien ignorer.

Il ne doit seulement sçavoir l'art de la guerre,
De garder les cités ou les ruer par terre ;
Car les princes mieux nés n'estiment leur vertu

DISCOURS.

Procéder ny de sang ny de glaive pointu,
Ny de harnois ferrés qui les peuples étonnent,
Mais par les beaux mestiers que les Muses nous donnent.

Quand les Muses, qui sont filles de Jupiter,
Dont les roys sont issus, les roys daignent chanter,
Elles les font marcher en toute révérence,
Loin de leur majesté banissant l'ignorance ;
Et leur sage leçon leur apprend à sçavoir
Juger de leurs sujets seulement à les voir.

Telle science sçut le jeune prince Achille ;
Puis sçavant et vaillant fit trébucher Troïlle
Sur le champ phrygien, et fit mourir encor
Devant le mur troyen le magnanime Hector ;
Il tua Sarpedon, tua Pentasilée,
Et par luy la cité d'Ilion fut bruslée.

Connoissez l'honneste homme humblement revestu,
Et discernez le vice imitant la vertu ;
Puis sondez vostre cœur pour en vertus accroistre.
Il faut, dit Apollon, soy-mesme se connoistre ;
Celuy qui se connoist est seul maistre de soy,
Et sans avoir royaume il est vrayment un roy.

Commencez donc ainsi ; puis si-tost que par l'âge
Vous serez homme fait de corps et de courage,

Il faudra de vous-mesme apprendre à commander,
A ouïr vos sujets, les voir, et demander,
Les connoistre par nom, et leur faire justice,
Honorer la vertu, et corriger le vice.

Mal-heureux sont les roys qui fondent leur appui
Sur l'aide d'un commis! qui par les yeux d'autruy
Voyant l'état du peuple, entendent par l'oreille
D'un flatteur mensonger qui leur conte merveille!

Aussi, pour estre roy, vous ne devez penser
Vouloir, comme un tyran, vos sujets offenser :
Ainsi que nostre corps vostre corps est de boue.
Des petits et des grands la fortune se joue :
Tous les regrets mondains se font et se défont,
Et au gré de fortune ils viennent et s'en vont,
Et ne durent non plus qu'une flamme allumée,
Qui soudain est éprise et soudain consumée.

Or, Sire, imitez Dieu, lequel vous a donné
Le sceptre, et vous a fait un grand roy couronné.
Faites miséricorde à celuy qui supplie ;
Punissez l'orgueilleux qui s'arme en sa folie ;
Ne poussez par faveur un homme en dignité,
Mais choisissez celuy qui l'aura mérité :
Ne baillez, pour argent, ny états ny offices ;
Ne donnez au hasard les vacans bénéfices ;

Ne souffrez près de vous ny flatteurs ny vanteurs.
Fuyez ces plaisans fous qui ne sont que menteurs,
Et n'endurez jamais que les langues légères
Médisent des seigneurs des terres estrangères.
Ne soyez point moqueur ny trop haut à la main,
Vous souvenant toujours que vous estes humain ;
Ayez autour de vous personnes vénérables,
Et les oyez parler volontiers à vos tables.
Soyez leur auditeur, comme fut votre ayeul,
Ce grand François qui vit encores au cercueil.

Ne souffrez que les grands blessent le populaire ;
Ne souffrez que le peuple aux grands puisse déplaire ;
Gouvernez vostre argent par sagesse et raison :
Le prince qui ne peut gouverner sa maison,
Sa femme, ses enfants et son bien domestique,
Ne sauroit gouverner une grand' république.

Pensez long-temps avant que faire aucuns édits ;
Mais si-tost qu'ils seront devant le peuple dits,
Qu'ils soient pour tout jamais d'invincible puissance;
Autrement vos décrets sentiroient leur enfance.
Ne vous montrez jamais pompeusement vestu ;
L'habillement des roys est la seule vertu :
Que vostre corps reluise en vertus glorieuses,
Non par habits chargés de pierres précieuses.

D'amis plus que d'argent moustrez-vous désireux :
Les princes sans amis sont tousjours malheureux ;
Aimez les gens de bien, ayant tousjours envie
De ressembler à ceux qui sont de bonne vie.
Punissez les malins et les séditieux :
Ne soyez point chagrin, despit ny furieux,
Mais honneste et gaillard, portant sur le visage
De vostre gentille âme un gentil témoignage.

Or, Sire, pour autant que nul n'a le pouvoir
De chastier les roys qui font mal leur devoir,
Corrigez-vous vous-mésme, afin que la justice
De Dieu qui est plus grand vos fautes ne punisse.

Je di ce puissant Dieu dont la force est partout,
Qui conduit l'univers de l'un à l'autre bout,
Et fait à tous humains ses justices égales,
Autant aux laboureurs qu'aux personnes royales.
Lequel nous supplions vous tenir en sa loy,
Et vous aimer autant qu'il fit David son roy,
Et rendre comme à luy vostre sceptre tranquille ;
Sans la faveur de Dieu, la force est inutile.

A CATHERINE DE MÉDICIS.

PROMESSE.

C'estoit au point du jour que les songes certains
D'un faux imaginer n'abusent les humains,
Par la porte de corne entrez en nos pensées,
Des labeurs journaliers débiles et lassées,
Songes qui, sans tromper par une vanité,
Dessous un voile obscur monstrent la vérité.

Ainsy que je dormois, donnant repos à l'ame,
En songe m'apparut l'image d'une dame
Qui monstroit à son port n'estre point de bas lieu,
Ains sembloit, à la voir, sœur ou femme d'un dieu.

Ses cheveux estoient beaux, et les traits de sa face
Monstroient diversement je ne scay quelle grace
Qui dontoit les plus fiers, et d'un tour de ses yeux
Eust appaisé la mer et seréné les cieux.

Elle portoit au front une majesté sainte,
Sa bouche en souriant de roses estoit peinte :
Elle estoit vénérable, et quand elle parloit
Un parler emmiellé de sa lèvre couloit ;
Elle avoit le sein beau, la taille droite et belle ;
Et, soit qu'elle marchast, soit qu'on approchast d'elle,
Soit riant, soit parlant, soit en mouvant le pas,
Devisant, discourant, elle avait des apas,
Des rets, des hameçons, et de la glu pour prendre
Les crédules esprits qui la vouloient attendre :
Car on ne peut fuyr, si tost qu'on l'aperçoit,
Que de son doux attrait prisonnier on ne soit :
Tant elle a de moyens, d'engins et de manières
Pour captiver à soy les ames prisonnières !

Sa robe estoit dorée à boutons par devant,
Elle avoit en ses mains des ballons pleins de vent,
Des sacs pleins de fumée, et des bouteilles pleines
D'honneurs et de faveurs, et de paroles vaines :
Si quelque homme advisé les cassoit de la main,
En lieu d'un ferme corps n'en sorfoit que du vain.
Telle enfleure se void ès torrens des vallées
Quand le dos escumeux des ondes empollées
S'enflent dessous la pluye en bouteilles qui font
Une monstre d'un rien, puis en rien se deffont.

Autour de ceste nymphe erroit une grand' bande

Qui d'un bruit importun mille choses demande,
Seigneurs, soldats, marchans, courtisans, mariniers ;
Les uns vont les premiers, les autres les derniers,
Selon le bon visage et selon la caresse
Que leur fait en riant cette brave déesse ;
Elle allaicte un chacun d'espérance, et pourtant
Sans estre contenté, chacun s'en va content ;
Elle donne à ceux-ci tantost une accolade,
Tantost un clin de teste, et tantost une œillade ;
Aux autres elle donne et faveurs et honneurs,
Et de petits valets en fait de grands seigneurs.

A son costé pendille une grande escarcelle
Large, profonde, creuse, où ceste damoiselle
Descouvroit sa boutique et en monstroit le front
Tout riche d'apparence, à la façon que font
Les marchans plus rusés, afin qu'on eust envie,
Voyant l'ombre du bien, de luy sacrer la vie.
Dedans ceste escarcelle estoient les éveschez ;
Abbayes, prieurez, marquisats et duchez,
Comtez, gouvernemens, pensions ; et sans ordre
Pendoit au fond du sac Saint-Michel et son ordre,
Crédits, faveurs, honneurs, estats petits et hauts,
Connestables et pairs, mareschaux, admiraux,
Chanceliers, présidens, et autre maint office
Qu'elle promet afin qu'on luy face service.

Tous les peuples estoient envieux et ardans
D'empoigner l'escarcelle et de fouiller dedans;
Admiroient son enfleure, et avoient l'âme esmeue
D'extrême ambition si tost qu'ils l'avoient veue,
Ils ne pensoient qu'en elle, et sans plus leurs desseins
Estoient de la surprendre et d'y mettre les mains;
Et pour ce ils accouroient autour de l'escarcelle
Comme guespes autour d'une grappe nouvelle :
Quand quelqu'un murmuroit, la dame l'appaisoit,
Car de sa gibecière un leurre elle faisoit,
Qu'elle monstroit au peuple, et comme trop légère,
Aux uns estoit marastre, aux autres estoit mère.
L'un devenoit content sans attendre qu'un jour,
L'autre attendoit vingt ans (misérable séjour),
L'autre dix, l'autre cinq, puis, au lieu d'un office,
Estat ou pension, remboursoit leur service
Ou bien d'un *Attendez*, ou bien, *Il m'en souvient*;
Mais telle souvenance en souvenir ne vient.

Le peuple ce pendant souffloit à grosse haleine,
Qui suant, et pressant, et courant, mettoit peine
De courtizer la Nymphe, et d'un cœur indonté,
Sans craindre le travail luy pendoit au costé.

En pompe devant elle estoit dame fortune,
Qui, sourde, aveugle, sotte, et sans raison aucune,
Par le milieu du peuple à l'aventure alloit,

Abaissant et haussant tous ceux qu'elle vouloit,
Et folle et variable, et pleine de malice,
Mesprisoit la vertu, et chérissoit le vice.

Au bruit de telle gent, qui murmuroit plus haut
Qu'un grand torrent d'hyver, je m'esveille en sursaut,
Et, voyant près mon lict une dame si belle,
Je m'enquiers de son nom, et devise avec elle :

Déesse, approche-toy, conte-moy ta vertu,
D'où es-tu ? d'où viens-tu ? et où te loges-tu ?
A voir tant seulement ta brave contenance,
D'un pauvre laboureur tu n'as pris ta naissance :
Tes mains, ton front, ta face, et tes yeux ne sont pas
Semblables aux mortels qui naissent ici-bas.

Ainsi je luy demande, et ainsi la déesse
Me respond à son tour : Ami, je suis *Promesse*
Dont le pouvoir hautain, superbe et spacieux
Commande sur la mer, en la terre et aux cieux :
La troupe que tu vois me suit à la parole,
Et, pour un petit mot qui de ma bouche vole,
Je suis crainte et servie, et si puis esbranler
Le cœur des plus constans m'ayant ouy parler :
J'habite ces palais et ces maisons royales,
Je loge en ces chasteaux et en ces grandes salles
Qui ont les soliveaux argentez et dorez,

Superbes en piliers de marbre élabourez;
Les rois, les empereurs, les seigneurs et les princes
Ne peuvent rien sans moy : je garde leurs provinces,
Je flatte leurs sujets ; et, puissante, je fais
La guerre quand je veux, les trèves et la paix;
Je détruy les cités, je perds les républiques,
Je corromps la justice et les loix politiques;
Je fay ce que je veux, tout tremble dessous moy,
Et ma seule parole est plus forte qu'un roy.

Le soldat pour moy seule abandonne sa vie,
Celle du marinier des ondes est ravie,
Flottant à mon service ; et tout homme sçavant,
Pour penser m'acquérir, met la plume en avant.
Le barbu philosophe en son cœur me désire,
Le théologien en ma faveur respire,
Le poëte est à moy, à moy l'historien,
L'architecte et le peintre, et le musicien.
L'advocat en mon nom presté sa conscience;
Le brave courtisan se détruit de dépense,
Le sot protonotaire icy vient pour m'avoir,
Mesme les cardinaux sont joyeux de me voir;
Le président, amy de la loy plus sévère,
Le grave conseiller m'estime et me révère.

J'ay tousjours au costé pendu quelque importun,
Je ne chasse personne, et retiens un chacun,

Non pas également ; car les uns je colloque
Aux suprêmes honneurs, des autres je me mocque :
Je les tiens en suspens ; puis, quand ils sont grisons,
Mourir je les renvoye auprès de leurs tisons :
Les autres finement je déçoy d'une ruse,
Les autres doucement je pipe d'une excuse ;
Je flatte en commandant, et tellement je sçay
Mesler bien à propos le faux avec le vray,
Que, paissant un chacun d'une vaine espérance,
Chacun est asseuré sans avoir asseurance.

Or, si tu veux me suivre, et venir de ma part,
Je n'useray vers toy de fraude ny de fard,
Je te tiendray parole, et auras en peu d'heure
Comme ceux que tu vois la fortune meilleure :
Tu es trop écolier : laisse tout et me suy,
Et deviens habile homme à l'exemple d'autruy.
Je suis, je n'en mens point, bien aise quand je trompe
Ces fardés courtisans enflés de trop de pompe,
Qui toujours importuns à mes oreilles sont ;
Mais, honteuse, je porte une vergongne au front,
Quand il me faut tromper par trop d'ingratitude
Ou les hommes de guerre, ou les hommes d'étude ;
Les uns gardent le sceptre, et les autres des rois
Éternisent l'honneur par une docte vois :
Je crains plus les derniers, d'autant que blanche ou noire
Ils font, comme il leur plaît, des hommes la mémoire.

J'ay tousjours bon vouloir, mais tousjours je ne puis
Contenter un chacun, tant quelquefois je suis
D'affaires accablée ; et alors, comme sage,
Je me sers au besoin d'un gracieux langage,
Pour retenir les cœurs des sujets ; autrement
Je perdrois mon crédit en un petit moment.

La parole, Ronsard, est la seule magie :
L'âme par la parole est conduite et régie ;
Et c'est le seul moyen qui mon nom fait vainqueur,
Car tousjours la parole est maistresse du cœur.

Dieu mesme, qui tout peut, ne sçauroit jamais faire
Que sa volonté puisse à tous hommes complaire :
L'un désire la pluye, et l'autre le beau temps,
Et jamais ici bas on ne les void contens :
Mais une heure à la fin accomplit toutes choses ;
Tousjours une saison ne produit pas les roses,
Et de tous les humains le sort n'est pas égal,
Il faut l'un après l'autre endurer bien et mal :
Et l'homme qui se deult d'une telle avanture
Pèche contre les lois du ciel et de nature.

Ainsi disoit *Promesse* ; et je luy respondi :
O visage effronté, impudent et hardi !
Après m'avoir trompé quinze ans sans récompense
De tant de beaux labeurs dont j'honore la France,

Me veux-tu re-tromper ? Va-t'en, je te promets
Par mon sainct Apollon de ne t'aimer jamais :
Ce n'est pas d'aujourd'huy que ton fard je découvre.
Je t'ay mille fois veue en ces salles du Louvre,
Et tu m'as mille fois, par ton langage beau,
Pipé à Saint-Germain et à Fontainebleau,
Et en ces grand's maisons superbes et royales,
Où jamais on ne voit les promesses loyales.
Pour ce va-t'en d'ici, car je te hay plus fort
(Et certes à bon droit) que je ne hay la mort.
Tu as, comme une ingrate impudente et rusée
De tes apas trompeurs ma jeunesse abusée :
Tu m'as nourri d'espoirs, tu m'as fait asseurer,
Tu m'as fait espérer pour me désespérer.
De toy, cruelle, ingrate, et digne de martyre,
Qui me donnes la baye, et ne t'en fais que rire,
Tu ne gardes jamais ny parole ny foy ;
Ce n'est que piperie et mensonge que toy,
Que fard, que vanité, et, pour les cœurs attraire,
Tu penses d'une sorte, et parles au contraire.
Tu as à ton service un tas de courtisans,
De moqueurs, de flatteurs, de menteurs, de plaisans,
Tes valets éhontez, qui sont faits à ta guise :
L'un en faisant le fin toutes choses déguise,
L'autre fait l'entendu, et l'autre le rusé :
Ainsi l'homme de bien est tousjours abusé.
Mal-heureux est celuy qui te suit, pour se faire

Le jouet de ta fraude, et fable du vulgaire.
Tant s'en faut que je vueille à tes loix me ranger,
Que je ne voudrois pas deux heures te loger,
Ny voir ny caresser. Sors d'ici, piperesse :
Tu portes à grand tort l'état d'une déesse.

Ainsi tout furieux la nymphe je tançois,
Quand elle me respond que j'estois un françois,
Inconstant et léger, et vrayment un poète,
Qui a le cerveau creux et la teste mal faite.

Il faut, ce me disoit, corrompre ton destin,
Changer ton naturel, te lever au matin,
Te coucher à mi-nuict, et apprendre à te taire,
Et qui plus est, Ronsard, à n'estre volontaire.
Il faut les grands seigneurs courtiser et chercher,
Venir à leur lever, venir à leur coucher,
Se trouver à leur table, et discourir un conte,
Estre bon importun, et n'avoir point de honte.
Voilà le vray chemin que tu dois retenir,
Si tu veux promptement aux honneurs parvenir,
Et non faire des vers, ou jouer sur la lyre;
Ce sont pauvres mestiers dont on ne fait que rire.

Au temps des rois passés j'avois le front menteur,
Le parler d'un trompeur, les yeux d'un affronteur.
Maintenant je suis ferme et pleine d'asseurance :

Car aujourd'huy la royne a toute ma puissance ;
Elle a le cœur entier, magnanime et hautain,
Et sa seule parole est un arrêt certain ;
Sa bouche est un oracle, et sa voix, prononcée
Comme celle d'un dieu, ne dément sa pensée ;
Avant que de promettre, elle songe long-temps ;
Après avoir promis ses propos sont constans,
Et l'importunité ne la sçauroit combattre ;
Car de promettre à deux, ou à trois ou à quatre,
C'est signe d'inconstance, et le cœur généreux
Ne doit jamais promettre un mesme bien à deux.

Ceste royne, de biens et d'honneurs couronnée,
Ne veut comme autrefois se voir importunée,
Ou que par la prière on force son plaisir :
Sa providence veut elle-mesme choisir
Les hommes vertueux, et en crédit les mettre,
Les faisant bien-heureux avant que leur promettre :
Et c'est le vray moyen d'avoir des serviteurs,
Et non pas d'avancer des sots ny des flatteurs,
Qui sont autour des rois élevés en la sorte
Qu'un marmouzet touffu, qui réchignant supporte,
Ce semble, tout le fais d'une voute, et combien
Qu'il semble tout porter, son dos ne porte rien :
Il ne fait que la mine, affreux d'ouverte gueule,
La voute de son poids se porte toute seule.

Or, si la Muse a fait enfanter ton cerveau,
Estreiné sa grandeur d'un ouvrage nouveau ;
Et tout ainsi qu'on void en mieux changer l'année,
Tu pourras voir changer en mieux ta destinée.

Ainsi disoit *Promesse*, et bien loin de mes yeux,
S'enfuyant de mon lict, se perdit dans les cieux.

HARANGUE

DU DUC DE GUISE

AUX SOLDATS DE METZ, LE JOUR DE L'ASSAUT.

Sus, courage, soldats !... Imitez vos ayeux :
Encore Dieu nous aime, encore Dieu ses yeux
N'a détourné de nous ny de nostre entreprise,
Ainçois plus que devant la Gaule favorise :
La Gaule il favorise et favorisera
Tant que nostre bon roy son gouverneur sera.

Doncques ne craignez pas tel peuple de gendarmes ;
Mais, chacun se fiant plus en Dieu qu'en ses armes,
Droit oppose sa pique au devant du guerrier
Qui viendra sur la brêche au combat le premier !
Chacun de vous s'arrange en bon ordre en sa place,
Et, prodiguant sa vie, après la mort la fasse
Plus claire que le jour ! Vous n'estes pas, soldars,
Ignorans de garder la brêche des rempars,
Et les murs assiégés d'une effroyable bande ;

Encore il vous souvient des murs de la Mirande
Et de ceux-là de Parme; et vous souvient aussi
De ceux-là de Péronne et ceux de Landreci :
Où tous vos ennemis qui vos forces tentèrent,
Rien, sinon deshonneur, chez eux ne remportèrent.
Nul n'aura par nos mains récompense ny prix,
Si son lieu le premier sur la brèche il n'a pris :
Fust-il beau comme un ange, ou par dessus la trope
Apparust-il horrible en un corps de cyclope;
Surmontast-il au cours le vent thréicien,
Et de riches trésors le grand roy phrygien,
Eust-il le bras de Mars, la langue de Mercure,
Et se fust tout le ciel et toute la nature
Empeschez pour le faire accompli en tout point,
S'il n'est brave au combat je ne l'estime point.

Non, je n'ignore pas qu'une belle victoire,
D'âge en âge coulant, n'éternise la gloire
Des hommes combattans soient jeunes ou soient vieux,
Et, de terre enlevez, ne les envoie aux cieux;
Mais certes Enyon la guerrière déesse
Cent fois plus que les vieux estime une jeunesse
Qui brusle de combattre, et qui ne fait encor
A l'entour du menton que jaunir d'un poil d'or.
Ceste jeunesse-là, mordant ses lèvres d'ire,
Et, grinçant de fureur, à soy-mesme s'inspire
Une âme valeureuse, et sent dedans le cœur

Je ne sçay quel effort qui desdaigne la peur.
Cette jeunesse-là, tousjours brave, s'essaye
De se voir entrouvrir l'estomac d'une playe,
Combattant la première, et mieux voudroit se voir
Mourir de mille morts qu'au dos la recevoir.
C'est vergogne de voir couché dans la poussière
Un jeune homme fuyant, et navré par derrière,
Ayant le dos béant d'ulcères apparens !
Celuy vrayment honnit ses fils et ses parens,
Longue fable du peuple, et la cruelle parque
Passe son nom et luy dans une même barque.
Mais celuy qui premier s'opposant à l'effort
Des vaillans ennemis, meurt d'une belle mort,
Tenant encore au poing sa picque vengeresse ;
A l'heure qu'on l'enterre, une dolente presse,
Chantant du trépassé la gloire et les valeurs,
Reschauffe e corps froid d'une tiède eau de pleurs.

Si quelqu'un de la troupe en combattant évite
La mort cent fois cherchée, et qu'ensemble il incite
Son prochain compagnon à choquer vivement,
Ou vrayment à mourir l'arme au poing bravement ;
Le peuple dans la rue honorera sa face,
Et venant au sénat, chacun luy fera place,
L'honorant comme un Dieu, et n'aura son pareil,
Premier en la bataille, et premier au conseil.

Le couard au contraire, enlaidy d'une honte,
Ne sera rien sinon un populaire conte,
Et peut estre banny de son païs natif,
Pour sa couardeté, vagabond, fugitif,
Portant ses fils au col, d'huis en huis ira querre
Son misérable pain en quelque estrange terre,
Et de haillons vestu, et privé de bonheur,
N'osera plus hanter les gens dignes d'honneur;
Et sa race à jamais, fust-elle décorée
De noble bisayeux, sera deshonorée.

Pour ce, faites-vous preux : bien qu' soit ordonné
Du naturel destin que tout ce qui est né
Vestu d'os et de nerfs, soit quelque jour la proye
De la mort mange-tout, et que, mesmes à Troye
Achille et Sarpédon, enfans de dieux, n'ont pas,
Non plus que fit Thersite, évité le trespas.

Mourons, amis, mourons! Il vaut mieux, pour défendre
Nous et nostre païs l'ame vaillante rendre,
L'âme vaillante rendre au dessus du rempart,
D'un grand coup de canon faussez de part en part,
Ou d'un grand coup de pique accourcir nostre vie,
Que languir vieux au lit, mattez de maladie.

Courage donc, soldats! Ne craignez point la mort!
La mort ne peut tuer l'homme vaillant et fort;

La mort tant seulement par les combats vient mordre
Je ne scay quels couards qui n'osent tenir ordre.
Tenez donques bon ordre, et gardez vostre rang,
Pressez l'un contre l'autre, et collez flanc à flanc,
Pied contre pied fichez, et teste contre teste,
Bataillez bravement, et creste contre creste :
Tienne le canonnier le canon comme il faut
Droitement contre ceux qui viendront à l'assaut ;
Bref, que chacun de vous à son état regarde,
Le hallebardier tienne au poing sa hallebarde,
Sa pique le piquier, et le haquebutier
Couché dessus le ventre, exerce son mestier.

Or, si quelqu'un de vous m'aperçoit le visage
Tant soit pâle de peur, ou faillir de courage,
Je ne veux qu'en flattant il me vienne excuser;
Ains, je luy veux donner congé de m'accuser.
(Ce que n'advienne, ô Dieu! que l'un de vous me face!)
Car je ne veux icy, non non ! tenir la place
D'un prince seulement, mais d'un simple soldart,
Couché tout le premier sur le front du rempart.

A CHARLES
CARDINAL DE LORRAINE.

JUSTICE.

Dieu fit naistre Justice en l'âge d'or çà bas,
Quand le peuple innocent encor ne vivoit pas
Comme il fait en péché, et quand le vice encore
N'avait passé les bords de la boite à Pandore;
Quand ces mots *tien* et *mien* en usage n'estoient,
Et quand les laboureurs du soc ne tourmentoient
Ulcérant par sillons, les entrailles encloses
Des champs, qui produisaient de leur gré toutes choses;
Et quand les mariniers ne pâlissoient encor
Sur le dos de Téthys pour amasser de l'or.

Ceste Justice adonc, bien qu'elle fust déesse,
S'apparoissoit au peuple au milieu de la presse,
Et en les caressant, les assembloit le jour,

Au milieu d'une rue, ou dans un carrefour,
Les preschant et priant d'éviter la malice,
Et de garder entre eux une saincte police ;
Fuyr procès, débats, querelle, inimitié,
Et d'aimer charité, paix, concorde et pitié.
La loy n'estoit encor en airain engravée,
Et le juge n'avoit sa chaire encor levée
Haute dans un palais ; et debout au parquet,
Encores ne vendoit l'advocat son caquet
Pour damner l'innocent et sauver le coupable.

Cette seule déesse au peuple vénérable
Les faisoit gens de bien, et, sans aucune peur,
Des lois leur engravoit l'équité dans le cœur,
Qu'ils gardoient de leur gré ; mais toute chose passe,
Et rien ferme ne dure en ceste terre basse.

Si tost que la malice au monde eut commencé
Son trac, et que jà l'or se monstroit effacé,
Pâlissant en argent sa teinture première,
Plus Justice n'estoit aux hommes familière
Comme elle souloit estre, et ne vouloit hanter
Le peuple qui desjà tendoit à se gaster,
Et plus visiblement le jour parmy la rue
Les hommes ne preschoit : mais vestant une nue,
Hurlante en piteux cris, son visage voila,
Et bien loing des citez ès forests s'envola ;

Car elle desdaignoit d'estre icy bas suivie
Des hommes forlignans de leur première vie.

Aussi tost que la nuict les ombres amenoit,
Elle quittoit les bois, et pleurante venoit
Crier sur le sommet des villes les plus hautes,
Pour effroyer le peuple et reprendre ses fautes,
Tousjours le menaçant qu'il ne la verroit plus,
Et qu'elle s'en iroit à son père là sus.

« L'œil de Dieu, ce disoit, toutes choses regarde,
» Il voit tout, il sait tout, et sur tout il prend garde ;
» Il sera courroucé de quoy vous me chassez :
» Pour ce repentez-vous de vos péchez passez :
» Il vous fera pardon, il est Dieu débonnaire,
» Et comme les humains ne tient p assa colère :
» Sinon, de pis en pis, au feste parviendrez
» De tout vice exécrable, et puis vous apprendrez
» Après le chastiment de vos âmes meschantes,
» Combien les mains de Dieu sont dures et tranchantes.

Ainsi toute la nuict la Justice crioit
Sur le haut des citez, qui le peuple effroyoit,
Et leur faisoit trembler le cœur en la poitrine,
Craignant de leurs péchez la vengeance divine.
Mais ce peuple mourut ; et après luy nasquit
Un autre de son sang qui plus meschant vesquit,

Lors le siècle de fer régna par tout le monde,
Et l'Or que despiteux de la fosse profonde
Ici haut envoya les Furies, à fin
De pressurer au cœur des hommes leur venin.

Adonc fraude et procès envahirent la terre,
Poison, rancœur, débat, et l'homicide guerre,
Qui, faisant craqueter le fer entre ses mains,
Marchoit pesantement sur le chef des humains,
Et tranchoit sous l'acier de sa hache meurtrière
Des vieux siècles passez la concorde première.
Ce que voyant Justice, ardente de fureur,
Contre le meschant peuple empoisonné d'erreur,
Qui, pour suivre discord, rompoit les lois tranquilles,
Vint encores de nuict se planter sur les villes :
Où plus, comme devant, le peuple ne pria,
Mais d'une horrible voix hurlante s'escria
Si effroyablement que les murs et les places
Et les maisons trembloient au bruit de ses menaces.

«Meschant peuple avorton, disoit-elle, est-ce ainsi
» Qu'à moy fille de Dieu tu rends un grand-merci
» De t'avoir si long-temps couvé dessous mes ailes,
» Te nourrissant du laict de mes propres mammelles ?
» Je m'envole de terre, adieu, meschant, adieu ;
» Adieu, peuple maudit ; je t'asseure que Dieu
» Vengera mon départ d'une horrible tempeste.

» Que jà desjà son bras eslance sur ta teste.
» Las ! où tu soulois vivre en repos plantureux,
» Tu vivras désormais en travail malheureux ;
» Il faudra que les bœufs aux champs tu aiguillonnes,
» Et que du soc aigu la terre tu sillonnes,
» Et que soir et matin le labeur de ta main
» Nourrisse par sueur ta misérable faim :
» Pour la punition de tes fautes malines.
» Les champs ne produiront que ronces et qu'espines :
» Le printemps qui souloit te rire tous les jours,
» Se changeant en hyver perdra son premier cours,
» Et sera départi en vapeurs chaleureuses,
» Qui halleront ton corps de flames douloureuses,
» En frimas et en pluye et en glace qui doit
» Faire transir bien tost ton pauvre corps de froid.

» Ton chef deviendra blanc en la fleur de jeunesse,
» Et jamais n'atteindras les bornes de vieillesse,
» Comme ne méritant par ton faict vicieux
» De jouir longuement de la clarté des cieux.
» Si peu que tu vivras tu vivras en moleste,
» Et tousjours une fièvre, un catarre, une peste
» Te suivront sans parler venans tous à la fois :
» Dieu les faisant muets desrobera leur vois,
» Afin que sans mot dire ils te happent à l'heure
» Que tu estimeras ta vie estre plus séure.
» Qui pis est, indigence et la famine aussi

» Hostes de ton hostel, te donneront souci.

» Dieu te fera mourir au milieu des batailles
» Accablé l'un sur l'autre, et fera les murailles
» De tes grandes citez dessous terre abysmer,
» Et la foudre perdra tes navires en mer.
» Si le peuple m'eust creue, il eust sans nulle peine
» Heureusement franchi ceste carrière humaine,
» Et fust mort tout ainsi que ceux à qui les yeux
» S'endorment dans le lict d'un sommeil gracieux :

» Mais il vivra toujours en douleur asservie,
» Fraudé des passetemps et des biens de la vie :
» Puis à la fin la mort en tourment et en deuil
» Dans un lict angoisseux luy viendra fermer l'œil ;
» Qui plus est, ce grand Dieu qui de son cœur a cure,
» Envoira ses démons couverts de nue obscure
» Par le monde espier les vicieux, à fin
» De les faire mourir d'une mauvaise fin ;
» Et lors un vain regret rongera ta poitrine,
» Et ton cœur, deschiré d'une mordante épine,
» De quoy tu m'as chassé au lieu de me chérir,
» Qui te soulois ingrat, si chèrement nourrir. »

Ainsy pleuroit Justice, et d'une robe blanche
Se voilant tout le chef jusqu'au bas de la hanche,
Avec ses autres sœurs, quittant ce val mondain
Au ciel s'en retourna d'un vol prompt et soudain

A LA HAYE.

Si j'estois à renaistre au ventre de ma mère,
(Ayant, comme j'ai fait, pratiqué la misère
De ceste pauvre vie, et les maux journaliers
Qui sont des cœurs humains compaignons familiers),
Et que la Parque dure en filant me vint dire :
Lequel, veux-tu, Ronsard, des animaux eslire,
Pour vivre à ton plaisir ? Certes j'aimerois mieux
Revivre en un oiseau et voler par les cieux,
Tout plein de liberté : avoir un beau plumage
Bigarré de couleurs, et chanter mon ramage
De tailliz en tailliz, de buissons en buissons,
Et aux nymphes des bois apprendre mes chansons,
Et de mon bec cornu parmy les champs me paistre,
Que par deux fois un homme en ce monde renaistre.

J'aimerois mieux vestir un poisson escaillé,
Et fendre de Téthys le séjour esmaillé
De bleu meslé de pers, et du ply de l'eschine
Flotter de vague en vague au gré de la marine :

Puis, au plus chaud du jour sortant du fond des eaux,
Paresseux, me ranger aux monstrueux troupeaux
Du vieil berger Protée, et dormir sur le sable,
Que me voir derechef un homme misérable.

J'aimerois mieux renaistre en un cerf bocager,
Portant un arbre au front, ayant le corps léger
Et les ergots fourchus, et seul et solitaire,
Faire auprès de ma biche ès buissons mon repaire,
Saulter parmy les fleurs, errer à mon plaisir,
Et me laisser conduire à mon premier désir,
Et la frescheur des bois et des fontaines suivre,
Que me voir derechef en un homme revivre.

De tous les animaux le plus lourd animal
C'est l'homme, le sujet d'infortune et de mal,
Qui endure en vivant la peine que Tentale,
Là bas endure mort dedans l'onde infernale,
Et celle de Sisyphe et celle d'Ixion.
Vif, son enfer il porte, ou par ambition,
Ou par crainte de mort, qui tousjours le tourmente,
Et plus un mal finist et plus l'autre s'augmente.

Toutefois à l'ouyr discrètement parler,
Vous diriez que sa gloire au ciel s'en doit voler,
Tant il fait en parlant de la beste entendue;
Ignorant que les dieux luy ont trop cher vendue

Nostre pauvre raison qui malheureux le fait,
D'autant que par-sus tous il s'estime parfait.

Geste pauvre raison le conduit à la guerre,
Et dedans du sapin luy fait tourner la terre
A la mercy du vent, et si luy fait encor
Pour extrême malheur chercher les mines d'or :
Ou le fait gouverneur des royales provinces,
Et qui pis est le meine au service des princes :
Luy apprend les mestiers dont il n'avoit besoin,
Et comme d'un poinçon l'aiguillonne de soin :
Et, pour trop raisonner, misérable il demeure
Sans se pouvoir garder qu'à la fin il ne meure.

Au contraire, les cerfs qui n'ont point de raison,
Les poissons, les oiseaux, sont, sans comparaison,
Trop plus heureux que nous, qui sans soin et sans peine
Errent de tous costez où le plaisir les meine :
Ils boivent de l'eau claire, et se paissent du fruict
Que la terre sans art d'elle mesme a produict.

Que sert (dit Salomon) toutes choses entendre,
Rechercher la nature et la vouloir comprendre,
Mourir dessus un livre et vouloir tout sçavoir,
Vouloir parler de tout et toutes choses voir,
Et vouloir nostre esprit par estude contraindre
A monter jusqu'au ciel où il ne peut atteindre ?

Tout n'est que vanité et pure vanité :
Tel désir est bourreau de nostre humanité.
Car si nous cognoissions nostre pauvre nature,
Et que nous sommes faits d'une matière impure,
Et mesme que le ciel se monstre amy plus dous,
Et père plus bénin aux animaux qu'à nous,
Qui pleurons en naissant, et qui par le supplice
D'estre au berceau liez (comme si ce fust vice
De sortir hors du ventre), à vivre commençons,
Et tousjours en tourmens la vie nous passons.
Las ! si nous cognoissions que nous n'avons point d'ailes
Pour voler au séjour des choses éternelles,
Nous ne serions jamais soingneux ny curieux
D'apprendre les secrets esloingnez de nos yeux :
Ains contents de la terre et des traces humaines,
Vivrions sans affecter des choses si hautaines !

Mais que sçauroit voir l'homme au monde de nouveau ?
C'est tousjours mesme hyver et mesme renouveau,
Mesme esté, mesme automne, et les mesmes années
Sont tousjours pas à pas par ordre retournées.

Ce soleil qui reluit luy-mesme reluisoit,
Quand le bon Josué son peuple conduisoit ;
Et nostre lune aussi c'estoit la lune mesme,
Qui luisoit à Noé : et la voûte suprême
Du ciel qui tout contient, c'est ceste mesme-là,
Où sur le char flambant Hélie s'envola.

Ce qui est a esté, et cela qui doit estre,
De ce qui est passé doit recevoir son estre :
Le fait sera desfait, et puis sera refait,
Et puis estant refait se verra redesfait ;
Bref, ce n'est qu'inconstance et que pure mensonge
De nostre pauvre vie ainçois de nostre songe.
L'homme n'est que misère et doit mourir exprès,
Afin que par sa mort un autre vive après :
L'un meurt, l'autre revit, et tousjours la naissance
Par la corruption engendre une autre essence.

Mais tout ainsi, la Haye, honneur de nostre temps,
Qu'entre les animaux par les champs habitans,
S'en trouvent quelques-uns qui en prudence valent
Plus que leurs compaignons, et les hommes égalent
De sagesse et d'esprit : souvente fois aussi,
Entre cent millions d'hommes qui sont icy,
S'en trouve quelques-uns qui dans leurs cœurs assemb
Tant de rares vertus, qu'aux grands dieux ils ressembl
Comme toy bien appris, bien sage et bien discret,
Qui m'as diminué bien souvent le regret
De vivre trop icy ; car, quand un soin me fasche,
Je me descouvre à toy, et mon cœur je te lasche.

Lors de mes passions, desquelles je me deuls,
Tu gouvernes la bride, et je vais où tu veux.
Tout ainsi qu'il advient quand une tourbe esmue

Qui de çà, qui de là mutine se remue,
De courroux forcenée, et d'un bras furieux,
Caillous, flames et dards, fait voler jusqu'aux cieux :
Si de fortune alors un grave personnage
Survient en telle esmeute, elle abat son courage,
Et d'oreille dressée escoute et se tient coy,
Voyant ce sage front paroistre devant soy,
Qui doucement la tance, et d'un gracieux dire
Flatte son cœur félon, et tempère son ire.

Ainsi lors que mon sens, de ma raison vainqueur,
De mille passions me tourmente le cœur,
Tu luy serres le frein, corriges son audace,
Abaisses sa fureur, et le tiens en sa place ;
Puis, me parlant de Dieu, tu m'enlèves l'esprit
A cognoistre par foy que c'est que Jésus-Christ,
Et comme par sa mort de la mort nous délivre,
Et par son sang nous fait éternellement vivre.
En ce poinct de ta voix plus douce que le miel
Tu me ravis du corps, et m'emportes au ciel ;
Tu rompts mes passions, et seul me fais cognoistre
Que rien plus sainct que l'homme au monde ne peut naistre.

A HENRI III.

Tout le cœur me débat d'une frayeur nouvelle :
J'entends dessus Parnasse Apollon qui m'appelle ;
J'oy sa lyre et son arc branler à son costé.
Quelque part que mon pied vagabond soit porté,
Ses lauriers me font place, et sens ma fantaisie
Errante entre les dieux, se souler d'ambroisie.
Fuyez, peuple, fuyez; des muses favory,
J'entre, sacré poëte, au palais de Henry
Pour chanter ses honneurs; afin que, dès l'aurore,
De l'occident, de l'ours et du rivage more,
Sa vertu soit cogneue, et qu'on cognoisse aussi
Qu'un si grand prince avoit mes chansons en soucy.

J'ay les yeux esblouis, tout le cerveau me tremble,
J'ay l'estomac panthois, j'avise, ce me semble,
Sur le haut des citez une femme debout,
Qui voit tout, qui oyt tout, et qui déclare tout.
Elle a cent yeux au front, cent oreilles en teste ;
Dans les voûtes du ciel son visage elle arreste,

Et de ses pieds en terre elle presse les monts,
Une trompette enflant de ses larges poumons.

Je voy le peuple à foule accourir auprès d'elle;
Le peuple volontiers se paist d'une nouvelle.
Elle va commencer : il m'en faut approcher ;
Le temps ne se doit perdre, il n'y a rien si cher.

Peuples qui m'escoutez penduz à ma parole,
N'estimez mes propos d'une femme qui vole;
Mais que chacun y donne aussi ferme crédit
Que si les chesnes vieux d'Épire l'avoient dit.

La déesse, ennemie aux testes trop superbes,
Qui les grandeurs égale à la basseur des herbes,
Qui dédaigne la pompe et le fard des humains,
A chastié l'orgueil des François par leurs mains.

Eux, arrogans de voir leurs voiles trop enflées
Du vent de la fortune heureusement soufflées,
D'abonder insolens en succez de bon-heur,
D'obscurcir leurs voisins d'empires et d'honneur,
Géans contre le ciel d'une audace trop grande,
N'avoient crainte de Dieu qui aux sceptres commande;
Ains, contre sa grandeur obstinant le soucy,
Avoient contre sa main le courage endurcy.

Quand la bonne Adrastie, en vengeant telle injure,
Citez contre citez de factions conjure,
Fit le soc et le coutre en armes transformer,
De leurs vaisseaux rompus pava toute la mer,
Les plaines, de leurs os, renversa les murailles,
Et mist leur propre glaive en leurs propres entrailles;
Si que leur sang vingt ans aux meurtres a fourny,
Et David ne vit onc son peuple si puny.

Maintenant la déesse incline à leur prière,
Douce, ne jette plus leurs plaintes en arrière;
Mais, pour guarir nos maux, nous fait présent d'un roy
Qu'en lieu de Jupiter le ciel voudroit pour soy;
Qui, par mille vertus en son âme logées,
Des roys ses devanciers les fautes a purgées,
Ainsi qu'une victime expiant le forfait
Que le peuple a commis, et qu'elle n'a pas fait.

Si tost le gouvernal ne tourne la navire
Errante au gré du vent, que le peuple se vire
Vers les mœurs de son prince, et tasche d'imiter
Le roy qui va devant afin de l'inviter.
Ny prison, ny exil, ny la fière menace
De la corde ou du feu, ny la loy ni la face
Du sénat empourpré ne poussent tant les cœurs
Du peuple à la vertu, que font les bonnes mœurs
Du prince vénérable, et quand le sceptre égale

La bonne et juste vie à la force royale.

Pour atteindre au sommet d'une telle équité,
Il faut la piété joincte à la charité,
Et la religion dont re-liez nous sommes,
Tant elle est agréable et aux dieux et aux hommes!

La loy (toile d'areigne) est trop faible, et ne peut
Le prince envelopper, si luy-mesme ne veut
S'enrheter de bon cœur, la croyant estre faite
De Dieu, et non de l'homme à plaisir contrefaite,
S'il ne la garantit, si premier ne la suit,
Si luy-mesme et les siens par elle ne conduit.

Quand le jeune fénix sur son épaule tendre
Porte le lict funèbre et l'odoreuse cendre,
Reliques de son père, et plante en appareil
Le tombeau paternel au temple du Soleil,
Les oiseaux esbahis, en quelque part qu'il nage
De ses ailes ramant, admirent son image,
Non pour lui voir le corps de mille couleurs peint,
Non pour le voir si beau, mais pour ce qu'il est saint,
Oiseau religieux aux manes de son père,
Tant de la piété nature bonne mère
A planté dès le naistre en l'air et dans les eaux
La vivace semence ez cœurs des animaux!

Donques le peuple suit les traces de son maistre ;
Il pend de ses façons, il imite, et veut estre
Son disciple, et tousjours pour exemple l'avoir,
Et se former en luy ainsi qu'en un miroir.

Cela que le soudart aux épaules ferrées,
Que le cheval flanqué de bardes acérées
Ne peut faire par force, Amour le fait seulet,
Sans assembler ny camp ny vestir corselet ;
Les vassaux et les roys de mutuels offices
Se combattent entre-eux, les vassaux par services,
Les roys par la bonté ; le peuple désarmé,
Aime toujours son roy quand il s'en voit aimé.
Il sert d'un franc vouloir, quand il n'est nécessaire
Qu'on le face servir ; plus un roy débonnaire
Luy veut lascher la bride, et moins il est outré,
Plus luy-mesme la serre, et sert de son bon gré,
Se met la teste au joug, sous lequel il s'efforce,
Qu'il secou'roit du col s'on luy mettoit par force.

C'est alors que le prince en vertus va devant,
Qu'il monstre le chemin au peuple le suivant,
Qu'il fait ce qu'il commande, et de la loy supresme
Rend la rigueur plus douce, obéissant luy-mesme,
Et tant il est d'honneur et de louange espoinct,
Que pardonnant à tous ne se pardonne point.

Quel sujet ne seroit dévot et charitable
Sous un roy piéteux ? Quel sujet misérable,
Voudroit de ses ayeux consommer les thrésors
Pour homme efféminer par délices son corps
D'habits pompeux de soye élabourez à peine,
Quand le prince n'auroit qu'un vestement de laine ?
Et qu'il retrancheroit par édicts redoutez
Les fertiles moissons des ordes voluptez.

Car porter en son âme une humble modestie,
C'est à mon gré des roys la meilleure partie.
Le prince guerroyant doit partout foudroyer :
Celuy qui se maintient doit bien souvent ployer.
L'un tient la rame au poing, l'autre espie à la hune;
En l'un est la prudence, en l'autre est la fortune.
Tousjours l'humilité gaigne les cœurs de tous ;
Au contraire l'orgueil attize le courrous.

Mais ainsi que le jour descouvre toutes choses
Que l'ombre du sommeil en ses bras tenoit closes,
Brigandages, larcins, et tout ce que la nuit
Renferme de mauvais quand le soleil ne luit,
Ainsi nous espérons que les guerres civiles,
Licences de soldats, saccagemens de villes,
Qui régnoient sans frayeur de vostre majesté,
S'enfuiront esblouis devant vostre clairté.

Chacun d'un œil veillant vos actions contemple;
Vous estes la lumière assise au front du temple.
Si elle reluit bien, vostre sceptre luira;
Si elle reluit mal, le sceptre périra.
Il faut bien commencer : celuy qui bien commence,
Son ouvrage entrepris de beaucoup il avance.
Sire, commencez bien à vostre advènement;
De tout acte la fin suit le commencement.
Il faut bien enfourner; car telle qu'est l'entrée,
Volontiers telle fin s'est toujours rencontrée.

Vous ne venez en France à passer une mer
Qui soit tranquille et calme, et bonace à ramer :
Elle est du haut en bas de factions enflée,
Et de religions diversement soufflée;
Elle a le cœur mutin; toutefois il ne faut
D'un baston violant corriger son défaut;
Il faut avec le temps en son sens la réduire;
D'un chastiment forcé le meschant devient pire.

Il faut un bon timon pour se sçavoir guider,
Bien calfeutrer sa nef, sa voile bien guinder;
La certaine boursolle est d'adoucir les tailles,
Estre amateur de paix, et non pas de batailles,
Avoir un bon conseil, sa justice ordonner,
Payer ses créanciers, jamais ne maçonner,
Estre sobre en habits, estre prince accointable;

Et n'ouyr ny flatteurs ny menteurs à sa table.

On espère de vous commé d'un bon marchand,
Qui un riche butin aux Indes va cherchant,
Et retourne chargé d'une opulente proye,
Heureux par le travail d'une si longue voye;
Il rapporte de l'or, et non pas de l'airain.
Aussi vous auriez fait si long voyage en vain,
Veu le Rhin, le Danube, et la grande Allemaigne,
La Polongne que Mars et l'hyver accompaigne;
Vienne qui au ciel se brave de l'honneur
D'avoir sceu repousser le camp du Grand-Seigneur,
Venise marinière et Ferrare la forte,
Thurin qui fut François, et Savoye qui porte,
Ainsi que fait Atlas, sur sa teste les cieux;
En vain vous auriez veu tant d'hommes, tant de lieux,
Si vuide de profit en une barque vaine
Vous retourniez en France après si longue peine.
Il faut faire, mon prince, ainsi qu'Ulysse fit,
Qui des peuples cognus sut faire son profit.

Mais quoy! prince inveincu, le sort ne m'a fait estre
Si docte que je puisse enseigner un tel maistre;
En discours si hautains je ne doy m'empescher,
Et ne veux faire ici l'office de prescher.
Ma langue se taira; vos sermons ordinaires,
La complainte du peuple, et vos propres affaires

Vous prescheront assez : ce papier seulement
S'en-va vous saluer, et sçavoir humblement
De vostre majesté, si vous, son nouveau maistre,
Le pourrez par sa muse encores recognoistre.

Il n'a pas l'Italie en poste traversé
Sur un cheval poussif, suant et harassé,
Qui a cent fois tombé son maistre par la course ;
Il n'a vendu son bien afin d'enfler sa bourse,
Pour vous aller trouver, et pour parler à vous,
Pour vous baiser les mains, embrasser vos genous,
Adorer vostre face ; il ne le saurait faire ;
Son humeur fantastique est aux autres contraire ;
Ceux qui n'ont que le corps sont nez pour tels mestiers ;
Ceux qui n'ont que l'esprit ne le font volontiers.

Je ne suis courtizan ny vendeur de fumées,
Je n'ay d'ambition les veines allumées,
Je ne sçaurois mentir ; je ne puis embrasser
Genous, ny baiser mains, ny suivre, ny presser,
Adorer, bonneter : je suis trop fantastique ;
Mon humeur d'escolier, ma liberté rustique,
Me devroient excuser, si la simplicité
Trouvoit aujourd'huy place entre la vanité.

C'est à vous, mon grand prince, à supporter ma faute,
Et me louer d'avoir l'âme superbe et haute,

Et l'esprit non servil, comme ayant de Henry,
Vostre père, et de vous trente ans esté nourry.

Un gentil chevalier qui aime de nature
A nourrir des haras, s'il trouve d'aventure
Un coursier généreux, qui, courant des premiers,
Couronne son seigneur de palme et de lauriers,
Et, couvert de sueur, d'escume et de poussière,
Rapporte à la maison le prix de la carrière :
Quand ses membres sont froids, débiles et perclus,
Que vieillesse l'assaut, que vieil il ne court plus,
N'ayant rien du passé que la monstre honorable ;
Son bon maistre le loge au plus haut de l'estable,
Luy donne avoine et foin, soigneux de le panser,
Et d'avoir bien servi le fait récompenser ;
L'appelle par son nom, et si quelqu'un arrive,
Dit : Voyez ce cheval dont l'haleine poussive
Et d'ahan maintenant, bat ses flancs à l'entour,
J'estois monté dessus au camp de Montcontour,
Je l'avais à Jarnac ; mais tout enfin se change.
Et lors le vieil coursier qui entend sa louange,
Hannissant et frappant la terre se sourit,
Et bénit son seigneur qui si bien le nourrit.

A PIERRE L'ESCOT.

Puisque Dieu ne m'a fait pour supporter les armes,
Et mourir tout sanglant au milieu des alarmes,
En imitant les faits de mes premiers ayeux,
Je ne veux cependant demeurer ocieux :
Mais comme je pourray je veux laisser mémoire
Que j'allay sur Parnasse acquérir de la gloire,
Afin que mon renom, des siècles non veincu,
Rechante à mes neveux qu'autrefois j'ay vescu
Caressé d'Apollon et des muses aimées,
Que j'ay plus que ma vie en mon âge estimées :
Pour elles à trente ans j'avois le chef grison,
Maigre, pâle, desfait, enclos en la prison
D'une mélancholique et rhumatique estude,
Renfrogné, mal courtois, sombre, pensif et rude,
Afin qu'en me tuant je peusse recevoir
Quelque peu de renom pour un peu de sçavoir.

Je fus souventefois retancé de mon père,
Voyant que j'aimois trop les deux filles d'Homère,

Et les enfans de ceux qui doctement ont sçeu
Enfanter en papier ce qu'ils avoient conçeu ;
Et me disoit ainsy : Pauvre sot ! tu t'amuses
A courtiser en vain Apollon et les muses :
Que te sçauroit donner ce beau chantre Apollon,
Qu'une lyre, un archet, une corde, un fredon,
Qui se répand au vent ainsi qu'une fumée,
Ou comme poudre en l'air vainement consumée ?
Que te sçauroient donner les muses, qui n'ont rien,
Sinon autour du chef je ne sçais quel lien
De myrte, de lierre, ou d'une amorce vaine
Rallecher tout un jour au bord d'une fontaine ;
Ou dedans un viel antre, afin d'y reposer,
Ton cerveau mal rassis et béant composer
Des vers qui te feront, comme plein de manie,
Appeler un bon fol en toute compagnie ?

Laisse ce froid mestier, qui jamais en avant
N'a poussé l'artizan, tant y fust-il sçavant ;
Mais, avec sa fureur, qu'il appelle divine,
Meurt tousjours acoueilly d'une palle famine.
Homère, que tu tiens si souvent en les mains,
Qu'en ton cerveau mal sain comme Dieu tu te peins,
N'eust jamais un liard : si bien que sa vielle
Et sa muse, qu'on dit qui eust la voix si belle,
Ne le sceurent nourrir, et falloit que sa fain
D'huis en huis mendiast le misérable pain.

Laisse-moy, pauvre sot ! ceste science folle :
Hante-moy le palais, caresse-moy Barthole,
Et d'une voix dorée, au milieu d'un parquet,
Aux dépens d'un pauvre homme exerce ton caquet ;
Et, fumeux et sueux, d'une bouche tonnante,
Devant un président mets-moy ta langue en vente :
On peut, par ce moyen, aux richesses monter,
Et se faire du peuple en tous lieux bonneter.

Ou bien embrasse-moy l'argenteuse science
Dont le sage Hipocras eust tant d'expérience,
Grand honneur de son isle ; encor que son mestier
Soit venu d'Apollon, il s'est fait héritier
Des biens et des honneurs, et à la poésie,
Sa sœur, n'a rien laissé qu'une lyre moisie.

Ainsi en me tançant mon père me disoit,
Tantost, quand le soleil hors de l'eau conduisoit
Ses coursiers galoppans par la pénible trette,
Tantost quand, vers le soir, il plongeoit sa charrette,
Où la nuict, quand la lune, avec ses noirs chevaux,
Creuse et pleine, reprend l'erre de ses travaux.

O qu'il est mal aisé de forcer la nature !
Tousjours quelque génie, ou l'influence dure
D'un astre nous invite à suivre maugré tous
Le dessein qu'en naissant il versa dessus nous.

9.

Pour menace ou prière, ou courtoise requeste
Que mon père me fist, il ne sçeut de ma teste
Oster la poésie, et plus il me tançoit,
Plus à faire des vers ma fureur me poussoit.

Je n'avois pas douze ans qu'au profond des vallées,
Dans les hautes forests des hommes recullées,
Dans les antres secrets de frayeur tout couvers,
Sans avoir soin de rien je composois mes vers :
Écho me répondoit, et fantastiques fées
Autour de moy dansoient à cotes desgrafées.

Je fus premièrement curieux du latin ;
Mais voyant par effet que mon cruel destin
Ne m'avoit dextrement pour le latin fait naistre,
Je me fis tout François, aimant certes mieux estre
En ma langue ou second, ou le tiers, ou premier,
Que d'estre sans honneur à Rome le dernier.

Donc suivant ma nature aux muses inclinée,
Sans contraindre ou forcer ma propre destinée,
J'enrichy nostre France, et pris en gré d'avoir,
En servant mon pays, plus d'honneur que d'avoir.

DISCOURS

DES MISÈRES DE CE TEMPS.

A CATHERINE DE MÉDICIS.

Si depuis que le monde a pris commencement,
Le vice d'âge en âge avoit accroissement;
Cinq mille ans sont passez que l'extrême malice
Eust surmonté le peuple, et tout ne fust que vice.
Mais puisque nous voyons les hommes en tous lieux
Vivre l'un vertueux et l'autre vicieux,
Il nous faut confesser que le vice difforme
N'est pas victorieux; mais suit la mesme forme
Qu'il reçut dès le jour que l'homme fut vestu
(Ainsi que d'un habit) de vice et de vertu.

Ny mesme la vertu ne s'est point augmentée ;
Si elle s'augmentoit, sa force fust montée

Au plus haut période, et tout seroit icy
Vertueux et parfait : ce qui n'est pas ainsi.

Or comme il plaist aux lois, aux princes et à l'âge,
Quelquefois la vertu abonde davantage,
Le vice quelquefois, et l'un en se haussant,
Va de son compagnon le crédit rabaissant;
Puis il est rabaissé, afin que leur puissance
Ne prenne entre le peuple une entière croissance.

Ainsi plaist au Seigneur de nous exerciter,
Et entre bien et mal laisser l'homme habiter.
Comme le marinier qui conduit son voyage
Tantost par le beau temps et tantost par l'orage.

Vous (Royne) dont l'esprit se repaist quelquefois
De lire et d'escouter l'histoire des François,
Vous savez (en voyant tant de faits mémorables)
Que les siècles passez ne furent pas semblables.

Un tel roy fut cruel, l'autre ne le fut pas :
L'ambition d'un tel causa mille débats;
Un tel fut ignorant, l'autre prudent et sage;
L'autre n'eut point de cœur, l'autre trop de courage;
Tels que furent les roys, tels furent les sujets;
Car les roys sont tousjours des peuples les objets.

Il faut donc dès jeunesse instruire bien un prince,
Afin qu'avec prudence Il tienne sa province.
Il faut premièrement qu'il ait devant les yeux
La crainte d'un seul Dieu, qu'il soit devotieux
Vers l'église approuvée, et que point il ne change
La foy de ses ayeuls pour en prendre une estrange :
Ainsi que nous voyons instruire nostre roy,
Qui par vostre vertu n'a point changé de loy.

Las ! ma Dame, en ce temps que le cruel orage
Menace les François d'un si piteux naufrage,
Que la gresle et la pluye, et la fureur des cieux
Ont irrité la mer des vents séditieux,
Et que l'astre jumeau ne daigne plus reluire,
Prenez le gouvernail de ce pauvre navire ;
Et maugré la tempeste, et le cruel effort
De la mer et des vents, conduisez-le à bon port.

La France à jointes mains vous en prie et reprie,
Las ! qui sera bien tost et proye et mocquerie
Des princes estrangers, s'il ne vous plaist en bref
Par vostre authorité appaiser son meschef.

Ha ! que diront là bas sous les tombes poudreuses
De tant de vaillants rois les ames généreuses ?
Que dira Pharamond, Clodion et Clovis?
Nos Pépins, nos Martels, nos Charles, nos Louis,

Qui de leur propre sang à tous périls de guerre
Ont acquis à leur fils une si belle terre ?

Que diront tant de ducs et tant d'hommes guerriers
Qui sont morts d'une playe au combat les premiers,
Et pour France ont souffert tant de labeurs extrêmes,
La voyant aujourd'huy destruire par soy-mesmes ?

Ils se repentiront d'avoir tant travaillé,
Assailly, défendu, guerroyé, bataillé,
Pour un peuple mutin, divisé de courage,
Qui perd en se jouant un si bel héritage.....

—

Madame, je serois ou de plomb ou de bois,
Si moy, que la nature a fait naistre François,
Aux races à venir je ne contois la peine
Et l'extrême malheur dont notre France est pleine.

Je veux de siècle en siècle au monde publier,
D'une plume de fer sur un papier d'acier,
Que ses propres enfants l'ont prise et devestue,
Et jusques à la mort vilainement batue.

Elle semble au marchand accueilli de malheur,
Lequel au coing d'un bois, rencontre le volleur,

Qui contre l'estomac luy tend la main armée,
Tant il a l'âme au corps d'avarice affamée !

Et n'est pas seulement content de luy piller
La bourse et le cheval ; il le fait despouiller,
Le bat et le tourmente, et d'une dague essaye
De luy chasser du corps l'ame par une playe ;
Puis, en le voyant mort, se sourit de ses coups,
Et le laisse manger aux mâtins et aux loups.

Si est-ce que de Dieu la juste intelligence
Court après le meurtrier et en prend la vengeance ;
Et dessus une roue, après mille travaux,
Sert aux hommes d'exemple et de proie aux corbeaux.

Mais ces nouveaux chrestiens qui la France ont pillée,
Volée, assassinée, à force dépouillée,
Et de cent mille coups l'estomac ont battu
(Comme si brigandage estoit une vertu),
Vivent sans chastiment, et, à les ouyr dire,
C'est Dieu qui les conduit, et ne s'en font que rire.

Ils ont le cœur si haut, si superbe et si fier,
Qu'ils osent au combat leur maistre desfier,
Ils se disent de Dieu les mignons ; et au reste
Qu'ils sont les héritiers du royaume céleste.
Les pauvres insensés ! qui ne cognoissent pas
Que Dieu, père commun des hommes d'ici-bas,

Veut sauver un chacun, et qu'à ses créatures
De son grand paradis il ouvre les closturcs :
Certes beaucoup de vuide et beaucoup de vains lieux,
Et de siéges seroient sans âmes dans les cieux,
Et paradis seroit une plaine déserte,
Si pour eux seulement la porte estoit ouverte.

Or ces braves vanteurs, controuvez fils de Dieu,
En la dextre ont le glaive et en l'autre le feu ;
Et comme furieux qui frappent et enragent,
Vollent les temples saints et les villes saccagent.

Et quoi ! brûler maisons, piller et brigander,
Tuer, assassiner, par force commander,
N'obéyr plus aux roys, amasser des armées,
Appelez-vous cela églises réformées ?

Jésus, que seulement vous confessez icy
De bouche et non de cœur, ne faisoit pas ainsy ;
Et saint Paul en preschant n'avoit, pour toutes armes,
Sinon l'humilité, les jeusnes et les larmes ;
Et les Pères martyrs, aux plus dures saisons
Des tyrans, ne s'armoient sinon que d'oraisons,
Bien qu'un ange du ciel, à leur moindre prière,
En soufflant eust rué les tyrans en arrière.

Par orce on ne sauroit paradis violer ;

Jesus nous a monstré le chemin d'y aller.
Armez de patience il faut suivre sa voye,
Non amasser un camp, et s'enrichir de proye.

Voulez-vous ressembler à ces fols Albigeois
Qui plantèrent leur secte avecque le harnois?
Ou à ces Ariens qui par leur frénaisie
Firent perdre aux chrestiens les villes de l'Asie?
Ou à Zuingle qui fut en guerre desconfit,
Chef de ceux que le duc de Lorraine desfit.

Vous estes prédicans en possession d'estre
Tousjours battus, tuez : nostre roy vostre maistre
Bien tost à vostre dam vous le fera sentir,
Et lors vous sentirez que peut le repentir.

Pourtant vous exercez vos malices cruelles,
Et de l'Apocalypse estes les sauterelles,
Lesquelles aussi tost que le puits fut ouvert
D'enfer, par qui le ciel de nues fut couvert,
Avecque la fumée en la terre sortirent,
Et des fiers scorpions la puissance vestirent.
Ell's avoient face d'homme, et portoient de grands dents
Tout ainsi que lyons affamez et mordans.
Leur manière d'aller en marchant sur la terre
Sembloit chevaux armez qui courent à la guerre,
Ainsi qu'ardentement vous courez aux combats,

Et villes et chasteaux renversez contre-bas.

Ell's avoient de fin or les couronnes aux testes,
Ce sont vos morions reluisans par les crestes :
Ell's avoient tout le corps de plastrons enfermez,
Les vostres sont tousjours de corselets armez.
Comme d'un scorpion meurtrière estoit leur queue,
Meurtriers vos pistolets, vos mains et vostre veue :
Perdant estoit leur maistre, et le vostre a perdu
Le sceptre que nos Rois avoient tant défendu.
Vous ressemblez encore à ces jeunes vipères,
Qui ouvrent en naissant le ventre de leurs mères,
Ainsi en avortant vous avez fait mourrir
La France vostre mère au lieu de la nourrir.

De Bèze, je te prie, escoute ma parole
Que tu estimeras d'une personne folle :
S'il te plaist toutefois de juger sainement,
Après m'avoir ouy tu diras autrement.

La terre qu'aujourd'huy tu remplis toute d'armes
Et de nouveaux chrestiens desguisez en gendarmes,
(O traistre piété!) qui du pillage ardents
Naissent dessous ta voix, tout ainsi que des dents
Du grand serpent thébain les hommes, qui muèrent
Le limon en couteaux desquels s'entretuèrent,
Et nez et demi-nez se firent tous périr,

Si qu'un mesme soleil les vit naistre et mourir....

Ce n'est pas une terre allemande ou gothique,
Ny une région tartare ny scytique :
C'est celle où tu nasquis, qui douce te receut
Alors qu'à Vezelay ta mère te conceut,
Celle qui t'a nourry et qui t'a fait apprendre
La science et les arts dès ta jeunesse tendre,
Pour luy faire service et pour en bien user,
Et non, comme tu fais, afin d'en abuser.

Si tu es envers elle enfant de bon courage,
Tandis que tu le peux, rens-luy son nourrissage,
Retire tes soldats, et au Lac Genevois
(Comme chose exécrable) enfonce leurs harnois.

Ne presche plus en France une doctrine armée,
Un Christ empistolé tout noircy de fumée.
Qui comme un Mehemet va portant en la main
Un large coutelas rouge de sang humain.
Cela déplaist à Dieu, cela déplaist au Prince :
Cela n'est qu'un appast qui tire la province
A la sédition, laquelle dessous toi
Pour avoir liberté ne voudra plus de roi.

O heureuse la gent que la mort fortunée
A depuis neuf cents ans sous la tombe emmenée !
Heureux les pères vieux des bons siècles passez
Qui sont sans varier en leur foy trespassez,
Ains que de tant d'abus l'Église fust malade !
Qui n'ouïrent jamais parler d'OEcolampade,
De Zuingle, de Buccher, de Luther, de Calvin :
Mais sans rien innover du service divin,
Ont vescu longuement, puis d'une vie heureuse
En Jésus ont rendu leur ame généreuse.
Las, pauvre France, hélas ! comme une opinion
Diverse a corrompu ta première union !
Tes enfants qui devroient te garder, te travaillent,
Et pour un poil de bouc entre eux-mesmes bataillent,
Et comme réprouvez d'un courage meschant,
Contre ton estomac tournent le fer tranchant.

———

Madame, il faut chasser ces gourmandes Harpies,
Je dy ces importuns, qui les griffes remplies
De cent mille morceaux tendent tousjours la main,
Et tant plus ils sont saouls tant plus meurent de faim,
Esponges de la cour, qui succent et qui tirent,
Plus ils crèvent de biens, et plus ils en désirent.

O vous, doctes prélats, poussez du Sainct-Esprit,

Qui estes assemblez au nom de Jésus-Christ,
Et taschez sainctement par une voye utile,
De conduire l'Église à l'accord d'un concile,
Vous mesmes les premiers, prélats, réformez-vous,
Et comme vrais pasteurs faites la guerre aux loups :
Chassez l'ambition, la richesse excessive,
Arrachez de vos cœurs la jeunesse lascive,
Soyez sobres à table, et sobres en propos,
De vos troupeaux commis cherchez-moi le repos,
Non le vostre, prélats, car vostre vray office
Est prescher, remonstrer, et chastier le vice.

Vos grandeurs, vos honneurs, vos gloires despouillez,
Soyez-moi de vertus non de soye habillez;
Ayez chaste le corps, simple la conscience,
Soit de nuyct, soit de jour, apprenez la science :
Gardez entre le peuple une humble dignité,
Et joignez la douceur avec la gravité.

Ne vous entremeslez des affaires mondaines,
Fuyez la cour des rois et leurs faveurs soudaines,
Qui périssent plutost qu'un brandon allumé
Qu'on void tantost reluire, et tantost consumé.

Allez faire la cour à vos pauvres ouailles,
Faites que vostre voix entre par leurs oreilles,

Tenez-vous près du parc, et ne laissez entrer
Les loups en vostre clos, faute de vous monstrer.

Si de nous réformer vous avez quelque envie,
Réformés les premiers vos biens et vostre vie,
Et alors le troupeau qui dessous vous vivra,
Réformé comme vous de bon cœur vous suivra.

Vous, juges des citez, qui d'une main égale
Devriez administrer la justice royale,
Cent et cent fois le jour mettez devant vos yeux
Que l'erreur qui pullule en nos séditieux
Est vostre seule faute : et sans vos entreprises,
Que nos villes jamais n'eussent esté surprises.

Si vous eussiez puni par le glaive trenchant
Le huguenot mutin, l'hérétique meschant,
Le peuple fust en paix : mais vostre connivence
A perdu la justice et l'empire de France.

Il faut sans avoir peur des princes ny des roys,
Tenir droit la balance, et ne trahir les lois
De Dieu, qui sur le fait des justices prend garde,
Et assis aux sommets des citez vous regarde :
Il perce vos maisons de son œil tout-voyant,
Et grand juge, cognoist le juge fourvoyant
Par présent alléché, ou celuy qui par crainte
Corrompt la majesté de la justice saincte.

Et vous nobles aussi, mes propos entendez,
Qui faussement séduits vous estes desbandez
Du service de Dieu : veuillez vous recognoistre,
Servir vostre païs, et le roy vostre maistre ;
Posez les armes bas : espérez-vous honneur
D'avoir osté le sceptre au roy vostre seigneur ?
Et d'avoir desrobé par armes la province
D'un jeune roy mineur vostre naturel prince ?

Vos pères ont receu de nos rois ses ayeux
Les honneurs et les biens qui vous font glorieux,
Et d'eux avez receu en titre la Noblesse,
Pour avoir dessous eux monstré vostre prouesse,
Soit chassant l'Espagnol, ou combattant l'Anglois,
Afin de maintenir le sceptre des François :
Vous mesmes aujourd'huy le voulez-vous destruire,
Après que vostre sang en a fondé l'empire ?
Telle fureur n'est point aux tigres ny aux ours,
Qui s'entre-aiment l'un l'autre, et se donnent secours
Et pour garder leur race en armes se remuent.
Les François seulement se pillent et se tuent,
Et la terre en leur sang baignent de tous costez,
Afin que d'autre main ils ne soient surmontez.

La foy (ce dites-vous) nous fait prendre les armes !
Si la religion est cause des allarmes,
Des meurtres et du sang que vous versez icy,

Hé ! qui de telle foy voudroit avoir soucy ?
Si par fer et par feu, par plomb, par poudre noire
Les songes de Calvin nous voulez faire croire ?

Si vous eussiez esté simples comme devant,
Sans aller les faveurs des princes poursuivant :
Si vous n'eussiez parlé que d'amender l'Église,
Que d'oster les abus de l'avare prestrise,
Je vous eusse suivi, et n'eusse pas esté
Le moindre des suivans qui vous ont escouté.

Mais voyant vos couteaux, vos soldats, vos gendarmes,
Voyant que vous plantez vostre foy par les armes,
Et que vous n'avez plus ceste simplicité
Que vous portiez au front en toute humilité,
J'ai pensé que Satan, qui les hommes attise
D'ambition, estoit chef de vostre entreprise.

L'espérance de mieux, le désir de vous voir
En dignité plus haute et plus riche en pouvoir,
Vos haines, vos discords, vos querelles privées,
Sont cause que vos mains sont de sang abreuvées,
Non la religion, qui sans plus ne vous sert
Que d'un masque emprunté qu'on void au descouvert.

Et vous nobles aussi qui n'avez renoncée
A la foy qui vous est par l'Église annoncée,

Soustenez vostre roy, mettez luy derechef
Le sceptre dans la main, et la couronne au chef,
N'espargnez vostre sang, vos biens ny vostre vie :
Heureux celui qui meurt pour garder sa patrie !

RÉPONSE

DE PIERRE DE RONSARD

AUX INJURES ET CALOMNIES DE JE NE SÇAY QUEL PRÉDICANTEAU ET MINISTREAU DE GENÈVE.

Quoy? tu jappes, mastin, à fin de m'effroyer,
Qui n'osois ny gronder, ny mordre, n'aboyer,
Sans parole, sans vois, sans poumons, sans haleine,
Quand ce grand duc vivoit, ce laurier de Lorraine,
Qu'en violant le droict et divin et humain,
Tu as assassiné d'une traistreuse main,
Et maintenant enflé par la mort d'un tel homme,
Tu mesdis de mon nom que la France renomme.

Ton cœur bien qu'arrogant de peur devoit fallir,
Au seul bruit de ce nom, me venant assaillir,
Laborieux athlète et poudreux d'exercice,

Qui ne tremble jamais pour un petit novice.
Tes escrits sont tesmoins que tu m'as desrobé,
Du fardeau du larcin ton dos est tout courbé :
Tu en rougis de honte, et en ta conscience
Père tu me cognois, d'une telle science.
Si quelque bonté loge encore dans cœur,
Tu sens d'une furie une lente vigueur,
Un vengeur aiguillon qui de toi ne s'absente
D'avoir osé blasmer la personne innocente ;
Sçachant bien que tu ments et que je ne suis point
Des vices entaché dont ta rage me poingt.

  Or je te laisse en paix : car je ne veux descendre
En noise contre toy, ny moins les armes prendre :
Tu es foible pour moi, si je veux escrimer
Du baston qui me fait par l'Europe estimer.
Mais si ce grand guerrier, et grand soldat de Bèze,
Se présente au combat, mon cœur sautera d'aize.

D'un si fort ennemi je seray glorieux,
Et Dieu sçait qui des deux sera victorieux.
Hardy je planteray mes pas dessus l'arène,
Je roidiray mes pas, soufflant à grosse haleine,
Et happant, et serrant, suant et haletant,
Du matin jusqu'au soir je l'iray combattant,
Sans deslier les mains, ni cestes ni courrayes,
Que tous deux ne soyons enyvrés de nos playes.

A luy seul je desire au combat m'attacher,
Je luy seray le tan qui le fera moucher
Furieux par mes vers, comme en une prairie,
On void un grand taureau forcené de furie
Qui court et par rochers, par bois et par estangs,
Quand le tan importun lui tourmente les flancs.

Mais certes contre toy j'ay perdu le courage,
Qui as rapetassé de mes vers ton ouvrage :
Je m'assaudrois moy-mesme, et ton larcin a fait
Que je suis demeuré content et satisfait.

Toutesfois brèvement il me plaist de respondre
A quelqu'un de tes points faciles à confondre :
Et si tu as souci d'ouïr la verité,
Je jure du grand Dieu l'immense déité,
Que je diray le vray sans fard ny sans injure :
Car d'estre injurieux ce n'est pas ma nature ;
Je te laisse cet art duquel tu as vescu,
Et veux quant à ce point de toy estre veincu.

Or sus, mon frère en Christ, tu dis que je suis prestre :
J'atteste l'Eternel que je le voudrois estre,
Et avoir tout le chef et le dos empesché
Dessous la pesanteur d'une bonne évesché :
Lors j'auroy la couronne à bon droict sur la teste :
Qu'un rasoir blanchiroit le soir d'une grand'feste,

Ouverte, large, longue, allant jusques au front,
En forme d'un croissant qui tout se courbe en rond.

Je serois révéré, je tiendrois bonne table,
Non vivant comme toy, ministre misérable,
Pauvre sot prédicant, à qui l'ambition
Dresse au cœur une roue et te fait Ixion,
Te fait dedans les eaux un altéré Tantale,
Te fait souffrir la peine à ce voleur égale
Qui remonte et repousse aux enfers un rocher
Dont tu as pris ton nom : car qui voudroit chercher
Dedans ton estomac, qui d'un rocher approche,
En lieu d'un cœur humain on verroit une roche :
Tu es bien malheureux d'injurier celuy
Qui ne te fit jamais outrage ny ennuy.

Mais afin qu'on cognoisse au vray qu'en tes escoles
Il n'y a que brocards, qu'injures et paroles,
Que nulle charité ta doctrine ne sent,
Disciple de Satan tu blasmes l'innocent.

Laisse respondre ceux que je touche en mon livre,
Ils ont l'esprit gaillard, ils me sauront poursuivre
De couplet à couplet : tu leur fais déshonneur
D'estre dessur leur gloire ainsi entrepreneur.

Tu fais du bon valet, ou l'esprit fantastique

De mes démons poursuit ton cerveau lunatique,
Qui te rend lou-garou (car, à ce que je voy,
Tu as veu les rabas encore mieux que moy),
Ou bien en releschant ma brusque poésie,
La panique fureur ta cervelle a saisie.

Si tu veux confesser que lou-garou tu sois,
Hoste mélancoliq' des tombeaux et des croix,
Pour te donner plaisir, vray'ment je te confesse
Que je suis prestre-raz, que j'ay dit la grand'messe :
Mais devant que parler, il faut exorciser
Ton démon qui te fait mes démons mespriser.

Fuyez, peuples, fuyez, que personne n'approche,
Sauvez-vous en l'Église, allez sonner la cloche
A son dru et menu, faites flamber du feu,
Faites un cerne en rond, murmurez peu à peu
Quelque basse oraison, et mettez en la bouche
Sept ou neuf grains de sel, de peur qu'il ne vous touche.

Le voicy, je le voy escumant et bavant,
Il se roule en arrière, il se roule en avant,
Affreux, hideux, bourbeux : une espaisse fumée
Ondoye de sa gorge en flames allumée :
Il a le diable au corps, ses yeux cavez dedans,
Sans prunelle et sans blanc, reluisent comme ardans,
Qui par les nuicts d'hyver à flames vagabondes,

En errant font noyer les passans dans les ondes :
Il a le museau tors et le dos hérissé
Ainsi qu'un gros mastin des dogues pelissé.

Fuyez, peuples, fuyez : non, attendez la beste,
Apportez ceste estolle, il faut prendre sa teste,
Et luy serrer le col, il faut semer espais
Sur luy de l'eau béniste avec un *asperges*,
Il faut faire des croix en long sur son eschine.

Je tiens le monstre pris : voyez comme il chemine
Sur les pieds de derrière, et comme il ne veut pas,
Rebellant à l'estolle, accompagner mes pas !
Sus, sus, prestres, frappez dessus la beste prise.
Que par force on le traisne aux degrez de l'église.
Ainsi le gros mastin des enfers fut trainé,
Quand il sentit son col par Alcide enchainé :
Mais si tost que du jour apperceut la lumière,
Béant il s'accula dedans une poussière,
Et veautrant son corps par l'espais des sablons,
Tantost alloit avant, tantost à reculons :
Puis poussif se faisant trainer à toute force,
Avoit en mille nœuds toute la chair entorce,
Tirant le col arrière : Hercule qui se mit
En courroux, estrangla le mastin, qui vomit
Du gosier suffoqué une bave escumeuse,
Dont nasquit l'aconit, herbe très-venimeuse.

Ainsi ce loup-garou un venin vomira,
Quand de son estomac le diable s'enfuira.
Ha Dieu, qu'il est vilain ! il rend desjà sa gorge
Aussi large qu'on void les soufflets d'une forge,
Qu'un boiteux mareschal esvente quand il faut
Frapper à tour de bras sur l'enclume un fer chaut.

Voyez combien d'humeurs différentes luy sortent,
Qui de son naturel les qualités rapportent :
La rouge que voylà le fit présomptueux,
Ceste verte le fit mutin tumultueux,
Et ceste humeur noirastre et triste de nature
Est celle qui pippoit les hommes d'imposture :
La rousse que voylà le faisoit impudent,
Boufon, injurieux, brocardeur et mordant,
Et l'autre que voicy visqueuse, espaisse et noire,
Le rendoit par sus tous hargneux au Consistoire.
Je me fasche de voir ce meschant animal
Vomir tant de venins, tout le cœur m'en fait mal.

Je pense, à voir son front, qu'il n'a point de cervelle,
Je m'en vois luy sonder le chef d'une esprouvelle :
Certes il n'en a point, le fer est bien avant
Et en lieu de cerveau ce n'est plein que de vent.

Hélas j'en ay pitié, si faut-il qu'on le traitte,
Il faut que chez Tony il fasse une diette,

Ou bien que le greffier, comme un Astolphe, en bref
Luy soufle d'un cornet le sens dedans le chef.

S'il veut que la santé pour jamais lui revienne,
Il faut que par neuf jours seulement il s'abstienne
(Non pas de manger chair, ny de boire du vin)
Mais de lire et de croire aux œuvres de Calvin,
Abjurer son erreur fausse et pernicieuse,
Ne trainer plus au corps une ame injurieuse,
Ne tourmenter plus Dieu d'opinions, et lors
Sa première santé luy va rentrer au corps.

Or sus, changeons propos, et parlons d'autre chose.
Tu dis qu'une sourdesse à mon oreille close :
Tu te mocques de moy et me viens blasonner
Pour un paûvre accident que Dieu me veut donner.

Nouvel évangeliste, insensé, plein d'outrage,
Vray enfant de Satan, dy moy en quel passage
Tu trouves qu'un chrestien (s'il n'est bien enragé)
Se doive comme toi mocquer d'un affligé !
Ta langue monstre bien aux brocards qu'elle rue,
Que tu portes au corps une ame bien tortue,
Quoy ? est-ce le profit, et le fruict que tu fuis,
En preschant l'Evangile où tu ne creus jamais ?
Que tu te mocques bien de l'Escriture sainte,
Ayant le cœur meschant, et la parole feinte !

11.

Quoy ? mocquer l'affligé sans t'avoir irrité,
Est-ce pas estre athée et plein d'impiété ?

Tu te plains d'autre part que ma vie est lascive,
En délices, en jeux, en vices excessive :
Tu mens meschantement, si tu m'avois suivy
Deux mois, tu sçaurois bien en quel état je vy.
Or je veux que ma vie en écrit apparoisse,
Afin que pour menteur un chacun te cognoisse.

M'éveillant au matin, devant que faire rien
J'invoque l'Eternel, le père de tout bien,
Le priant humblement de me donner sa grace,
Et que le jour naissant sans l'offenser se passe :
Qu'il chasse toute secte et toute erreur de moy,
Qu'il me veuille garder en ma première foy.
Sans entreprendre rien qui blesse ma province,
Très-humble observateur des loix et de mon Prince.

Après je sors du lict et quand je suis vestu,
Je me range à l'étude et apprens la vertu,
Composant et lisant, suivant ma destinée,
Qui s'est dès mon enfance aux Muses inclinée :
Quatre ou cinq heures seul je m'arreste enfermé :
Puis sentant mon esprit de trop lire assommé,
J'abandonne le livre et m'en vais à l'église :
Au retour pour plaisir une heure je devise,

De là je viens disner, faisant sobre repas,
Je rends graces à Dieu : au reste je m'esbas.

Car si l'après-disnée est plaisante et sereine,
Je m'en vais pourmener tantost parmy la plaine,
Tantost en un illage, et tantost en un bois,
Et tantost par les lieux solitaires et cois.
J'ayme fort les jardins qui sentent le sauvage;
J'ayme le flot de l'eau qui gazouille au rivage.

Là, devisant sur l'herbe avec un mien amy,
Je me suis par les fleurs bien souvent endormy.
A l'ombrage d'un saule, ou lisant dans un livre,
J'ay cherché le moyen de me faire revivre,
Tout pur d'ambition, et des soucis cuisans,
Misérables bourreaux d'un tas de médisans,
Qui font (comme ravis) les prophètes en France,
Pippans les grands seigneurs d'une belle apparence

Mais quand le ciel est triste et tout noir d'épaisseur,
Et qu'il ne fait aux champs uy plaisant ny bien seur,
Je cherche compagnie, où je joue à la prime,
Je voltige, ou je saute, ou je lutte, ou j'escrime,
Je dy le mot pour rire, et à la vérité
Je ne loge chez moy trop de sévérité.

Puis quand la nuict brunette a rangé les étoiles,

Encourtinant le ciel et la terre de voiles,
Sans soucy je me couche, et là levant les yeux,
Et la bouche et le cœur vers la voute des cieux,
Je fais mon oraison, priant la bonté haute
De vouloir pardonner doucement à ma faute :
Au reste je ne suis ny mutin ny meschant,
Qui fais croire ma loy par le glaive trenchant ;
Voilà comme je vy : si ta vie est meilleure,
Je n'en suis envieux, et soit à la bonne heure.

SONNETS

ET

POÉSIES DIVERSES.

SONNETS

ET

POÉSIES DIVERSES.

~~~~~~~~~~~~~~~~~~~~~~~~~~~~~~~~~~~~~~~

I.

A MARIE STUART.

Encore que la mer de bien loin nous sépare,
Si est-ce que l'esclair de vostre beau soleil,
De vostre œil qui n'a point au monde de pareil,
Jamais loin de mon cœur par le temps ne s'égare.

Royne qui enfermez une royne si rare,
Adoucissez vostre ire et changez de conseil :

Le soleil se levant et allant au sommeil
Ne voit point en la terre un acte si barbare.

Peuples vous forlignez, aux armes nonchalants,
De vos ayeux Renaulds, Lancelots et Rolands,
Qui prenoient d'un grand cœur pour les dames querelle,

Les gardoient, les sauvoient : mais vous n'avez, François,
Encore osé toucher ni vestir le harnois,
Pour oster de servage une royne si belle.

II.

A CATHERINE DE MÉDICIS.

Depuis la mort du bon prince mon maistre,
Vostre mary, mon seigneur et mon roy,
J'ai tant receu de langueur et d'esmoy,
Qu'avecques luy presque je me sens estre.

Un nouveau deuil en mon cœur je sens naistre,
Quand près de vous, Madame, je ne voy
Sa Majesté, qui faisoit cas de moy,
Et qui pour sien me daignoit recognoistre.

En regardant de toutes parts icy,
Je ne voy rien que larmes et soucy;
Toute tristesse a sa mort ensuivie :

Ses serviteurs portent noire couleur
Pour son trépas, et je la porte au cœur,
Non pour un an, mais pour toute la vie.

III.

Je veux lire en trois jours l'Iliade d'Homère ;
Et pour ce, Corydon, ferme bien l'huis sur moi :
Si rien me vient troubler, je t'assure ma foy,
Tu sentiras combien pesante est ma colère.

Je ne veux seulement que nostre chambrière
Vienne faire mon lict, ton compagnon, ny toy :
Je veux trois jours entiers demeurer à requoy,
Pour folastrer après une semaine entière.

Mais si quelqu'un venoit de la part de Cassandre,
Ouvre luy tost la porte, et ne le fais attendre,
Soudain entre en ma chambre et me vien accoustrer :

Je veux tant seulement à luy seul me monstrer ;
Au reste, si un Dieu vouloit pour moi descendre
Du ciel, ferme la porte et ne le laisse entrer.

IV.

A MARIE.

Quand vous serez bien vieille, au soir, à la chandelle,
Assise auprès du feu, devisant et filant,
Direz chantant mes vers, en vous esmerveillant,
Ronsard me célébroit du temps que j'estois belle.

Lors vous n'aurez servante oyant telle nouvelle,
Desjà sous le labeur à demy sommeillant,
Qui au bruit de mon nom ne s'aille resveillant,
Bénissant vostre nom de louange immortelle.

Je seray sous la terre, et fantosme sans os
Par les ombres myrtheux je prendray mon repos,
Vous serez au foyer une vieille accroupie,

Regrettant mon amour et vostre fier desdain;
Vivez, si m'en croyez, n'attendez à demain :
Cueillez dès aujourd'hui les roses de la vie.

V.

Je songeois assoupi de la nuict endormie,
Qu'un sépulchre entre-ouvert s'apparoissoit à moi :
La mort gisoit dedans toute palle d'effroy,
Dessus estoit escrit : LE TOMBEAU DE MARIE.

Espouvanté du songe, en sursaut je m'escrie :
Amour est donc sujet à nostre humaine loy !
Il a perdu son règne, et le meilleur de soy
Puisque par une mort sa puissance est périe.

Je n'avois achevé, qu'au point du jour voicy
Un passant à ma porte adeulé de soucy,
Qui de la triste mort m'annonça la nouvelle.

Pren courage, mon ame, il faut suivre sa fin,
Je l'enten dans le ciel comme elle nous appelle :
Mes pieds avec les siens ont fait mesme chemin.

VI.

Comme on voit sur la branche au mois de may la rose :
En sa belle jeunesse, en sa première fleur
Rendre le ciel jaloux de sa vive couleur,
Quand l'aube de ses pleurs au poinct du jour l'arrose

La grace dans sa fueille et l'amour se repose,
Embasmant les jardins et les arbres d'odeur :
Mais battue ou de pluye, ou d'excessive ardeur,
Languissante elle meurt fueille à fueille desclose.

Ainsi en ta première et jeune nouveauté,
Quand la terre et le ciel honoroient ta beauté,
La Parque t'a tuée, et cendre tu reposes.

Pour obsèques reçoy mes larmes et mes pleurs,
Ce vase plein de laict, ce panier plein de fleurs,
Afin que vif et mort ton corps ne soit que roses.

VII.

Je voy tousjours le traict de cette belle face
Dont le corps est en terre, et l'esprit est aux cieux,
Soit que je veille ou dorme, Amour ingénieux
En cent mille façons devant moi le repasse.

Elle qui n'a souci de ceste terre basse,
Et qui boit du nectar assise entre les dieux,
Daigne souvent revoir mon estat soucieux,
Et en songe appaiser la mort qui me menace.

Je songe que la nuict elle me prend la main,
Se faschant de me voir si long temps la survivre,
Me tire, et fait semblant que de mon voile humain

Veut rompre le fardeau pour estre plus délivre :
Mais partant de mon lict son vol est si soudain
Et si prompt vers le ciel, que je ne la puis suivre.

VIII.

ÉPITAPHE DE MARIE.

Cy reposent les os de ma belle Marie,
Qui me fit pour Anjou quitter mon Vandomois,
Qui m'enivra le cœur au plus verd de mes mois,
Qui fut toute mon tout, mon bien et mon envie.

En sa tombe repose honneur et courtoisie,
Et la jeune beauté qu'en l'ame je sentois,
Et le flambeau d'Amour, ses traicts et son carquois,
Et ensemble mon cœur, mes pensers et ma vie.

Tu es, belle Marie, un bel astre des cieux :
Les anges tous ravis se paissent de tes yeux,
La terre te regrette, ô beauté sans seconde !

Maintenant tu es vive, et je suis mort d'ennuy :
Mal-heureux qui se fie en l'attente d'autruy !
Trois amis m'ont trompé, toy, l'amour et le monde.

ÉLÉGIE

SUR LA MORT DE MARIE.

Ciel, que tu es malicieux !
Qui eust pensé que ces beaux yeux
Qui me faisoient si douce guerre,
Ces mains, ceste bouche et ce front
Qui prirent mon cœur et qui l'ont,
Ne fussent maintenant que terre ?

Hélas ! où est ce doux parler,
Ce voir, cet ouyr, cet aller,
Ce ris qui me faisoit apprendre
Que c'est qu'aimer ? hà, doux refus !
Ha, doux desdains, vous n'estes plus,
Vous n'estes plus qu'un peu de cendre !

Hélas, où est ceste beauté,
Ce printemps, ceste nouveauté,
Qui n'aura jamais de seconde!

Du ciel tous les dons elle avoit :
Aussi parfaite ne devoit
Long-temps demeurer en ce monde.

Je n'ay regret en son trespas,
Comme prest de suivre ses pas.
Du chef les arbres elle touche :
Et je vy ! et je n'ay sinon
Pour réconfort que son beau nom,
Qui si doux me sonne en la bouche!

Toutesfois en moy je la sens
Encore l'objet de mes sens
Comme à l'heure qu'elle estoit vive :
Ny mort ne me peut retarder,
Ny tombeau ne me peut garder
Que par penser je ne la suive.

Si je n'eusse eu l'esprit chargé
De vaine erreur, prenant congé
De sa belle et vive figure,
Oyant sa voix, qui sonnoit mieux
Que de coustume, et ses beaux yeux,
Qui reluisoient outre mesure ;

Et son soupir qui m'embrasoit,
J'eusse bien veu qu'ell' me disoit :

Or, soule toy de mon visage,
Si jamais tu en eus soucy ;
Tu ne me verras plus icy,
Je m'en vay faire un long voyage !

Depuis j'ay vescu de soucy,
Et du regret qui m'a transy,
Comblé de passions estranges.
Je ne desguise mes ennuis :
Tu vois l'estat auquel je suis,
Du ciel assise entre les anges.

Hà ! belle ame tu es là haut
Auprès du bien qui point ne faut,
De rien du monde désireuse,
En liberté, moy en prison :
Encore n'est-ce pas raison
Que tu sois seule bien-heureuse.

Le sort doit tousjours estre égal ;
Si j'ai pour toy souffert du mal,
Tu me dois part de ta lumière ;
Mais franche de mortel lien,
Tu as seule emporté le bien,
Ne me laissant que la misère.

En ton age le plus gaillard

Tu as seul laissé ton Ronsard,
Dans le ciel trop tost retournée,
Perdant beauté, grace et couleur,
Tout ainsi qu'une belle fleur
Qui ne vit qu'une matinée.

L'ALOUETTE.

GAIETÉ.

Hé Dieu ! que je porte d'envie
Aux plaisirs de ta douce vie,
Alouette, qui de l'amour
Dégoizes dès le point du jour,
Secouant en l'air la rosée
Dont ta plume est toute arrosée !
Devant que Phébus soit levé
Tu enlèves ton corps lavé
Pour l'essuyer près de la nue,
Trémoussant d'une aile menue ;
Et te sourdant à petits bons,
Tu dis en l'air de si doux sons
Composez de ta tire lire,
Qu'il n'est amant qui ne désire,

T'oyant chanter au renouveau
Comme toy devenir oiseau.

Quand ton chant t'a bien amusée,
De l'air tu tombes en fusée
Qu'une jeune fillette au soir
De sa quenouille laisse choir,
Quand au foyer elle sommeille
Frappant son sein de son oreille,
Et son tors fuseau délié
Loin de sa main roule à son pié :
Ainsi tu roules, alouette,
Ma doucelette, mignonnette,
Qui plus qu'un rossignol me plais
Chantant en un bocage épais.

Tu vis sans offenser personne,
Ton bec innocent ne moissonne
Le froment, comme ces oiseaux
Qui font aux hommes mille maux,
Soit que le bled rongent en gerbe,
Ou soit qu'ils l'égrainent en herbe :
Mais tu vis par les sillons vers,
De petits fourmis et de vers,
Ou d'une mouche, ou d'une achée,
Tu portes aux tems la béchée,
A tes fils non encore ailés,

D'un blond duvet emmantelés.

A tort les fables des poëtes,
Vous accusent, vous, alouettes,
D'avoir vostre père hay
Jadis jusqu'à l'avoir trahi,
Coupant de sa teste royale
La blonde perruque fatale,
En laquelle un poil il portoit
En qui toute sa force estoit.
Mais quoy, vous n'estes pas seulettes
A qui la langue des poëtes
Ait fait grand tort : dedans les bois
Le rossignol à haute voix,
Caché dessous quelque verdure,
Se plaint d'eux, et leur dit injure.
Si fait bien l'arondelle aussi,
Quand elle chante son *cossi* :
Ne laissez pas pourtant de dire
Mieux que devant la tirelire,
Et faites crever par dépit
Ces menteurs de ce qu'ils ont dit.

Ne laissez pour cela de vivre
Joyeusement, et de poursuivre
A chaque retour du printemps
Vos accoutumez passe-temps:

Ainsi j'amais la main pillarde
D'une pastourelle mignarde,
Parmy les sillons espiant
Vostre nouveau nid pepiant,
Quand vous chantez ne le dérobe
Ou dans sa cage ou sous sa robe.

Vivez oiseaux, et vous haussez
Tousjours en l'air, et annoncez
De vostre chant et de vostre aile
Que le printemps se renouvelle.

LES DERNIERS VERS

DE

PIERRE DE RONSARD.

STANCES.

J'ay varié ma vie en devidant la trame
Que Clothon me filoit entre-malade et sain,
Et tantost la santé se logeoit en mon sein,
Tantost la maladie, extresme fleau de l'ame.

La goutte jà vieillard me bourrela les veines,
Les muscles et les nerfs, exécrable douleur!
Monstrant en cent façons, par cent diverses peines,
Que l'homme n'est sinon le subject de malheur.

L'un meurt en son printemps, l'autre attend la vieillesse.
Le trespas est tout un, les accidens divers :
Le vray thrésor de l'homme est la simple jeunesse,
Le reste de nos ans ne sont que des hyvers.

Pour long-temps conserver telle richesse entière,
Ne force ta nature, ains ensuy la raison :
Fuy l'amour et le vin, des vices la matière,
Grand loyer t'en demeure en la vieille saison.

La jeunesse des dieux aux hommes n'est donnée
Pour gouspiller sa fleur : ainsi qu'on voit fanir
La rose par le chaud, ainsi mal gouvernée
La jeunesse s'enfuit sans jamais revenir.

JOACHIM DUBELLAY.

JOACHIM DUBELLAY.

DE L'IMMORTALITÉ

DES POÈTES.

ODE.

Celui-ci quiert, par les dangers,
L'honneur du fer victorieux;
Celui-là, par flots étrangers,
Le soin de l'or laborieux;
L'un aux clameurs du palais s'estudie;
L'autre le vent de la faveur mendie.

Mais moi, que les Grâces chérissent,
Je hais les biens que l'on adore,
Je hais les honneurs qui périssent
Et le soin qui les cœurs dévore :

Rien ne me plaist, fors ce qui peut déplaire
Au jugement du rude populaire.

    Les lauriers pris des fronts sçavans
    M'ont jà fait compagnon des dieux :
    Les ardens satyres suivans
    Les nymphes des rustiques lieux,
Me font aimer, loin des connus rivages,
La sainte horreur de leurs antres sauvages.

    Par le ciel errer je m'attends,
    D'une aisle encor non usitée;
    Et ne sera guère long-temps
    La terre par moi habitée.
Plus grand qu'Envie, à ces superbes villes
Je laisserai leurs tempestes civiles.

    Je volerai depuis l'Aurore
    Jusqu'à la grand'mère des eaux;
    Et de l'Ours à l'épaule more,
    Le plus blanc de tous les oiseaux.
Je ne craindrai, sortant de ce beau jour,
L'épaisse nuit du ténébreux séjour.

    De mourir ne suis en émoi,
    Selon la loi du sort humain;
    Car la meilleure part de moi

Ne craint point la fatale main.
Craigne la mort la Fortune et l'Envie,
A qui les dieux n'ont donné qu'une vie !

 Arrière tout funèbre chant,
 Arrière tout marbre et peinture;
 Mes cendres ne vont point cherchant
 Les vains honneurs de sépulture,
Pour n'estre errant cent ans à l'environ
Des tristes bords de l'avare Achéron.

 Mon nom, du vil peuple inconnu,
 N'ira sous terre inhonoré ;
 Les sœurs du mont deux fois cornu
 M'ont d'un sépulcre décoré
Qui ne craint point les aquilons puissans,
Ni le long cours des siècles renaissans.

LE RETOUR DU PRINTEMPS.

A J. DAURAT.

De l'hiver la triste froidure
Va sa rigueur adoucissant,
Et des eaux l'écorce si dure
Au doux zéphir amollissant.
   Les oiseaux par les bois
   Ouvrent à ceste fois
   Leurs gosiers étrécis :
   Et plus sous durs glaçons
   Ne sentent les poissons
   Leurs manoirs raccourcis.

La froide humeur des monts chenus
Enfle déjà le cours des fleuves ;
Déjà les cheveux sont venus

Aux forests si longuement veuves.
   La terre, au ciel riant,
   Va son teint variant
   De mainte couleur vive :
   Le ciel, pour lui complaire,
   Orne sa face claire
   De grand' beauté naïve.

Or, est temps que l'on se couronne
De l'arbre à Vénus consacré,
Ou que sa tête on environne
Des fleurs qui viennent de leur gré.
   Qu'on donne au vent aussi
   Cet importun souci
   Qui tant nous fait la guerre ;
   Que l'on aille sautant,
   Que l'on aille heurtant
   D'un pied libre la terre.

Voici déjà l'été qui tonne,
Chasse le perdurable ver ;
L'été, le fructueux automne ;
L'automne, le frileux hiver.
   Mais les lunes volages
   Réparent ces dommages ;
   Et nous, hélas ! nous, hommes,
   Quand descendons aux lieux

De nos ancestres vieux,
Ombre et poudre nous sommes.

Pourquoi donc avons-nous envie
Du soin qui les cœurs ronge et fend ?
Le terme bref de notre vie
Long espoir avoir nous défend.
   Ce que les destinées
   Nous donnent de journées,
   Estimons que c'est gain.
   Que sçais-tu si les cieux
   Octroiront à tes yeux
   De voir un lendemain ?

ODE.

QU'IL FAUT ÉCRIRE DANS SA LANGUE.

Qui grec et latin veut écrire
Semble un Icare, un Phaéton;
Et semble, à le voir, qu'il désire
A la mer donner nouveau nom.

Il y met de l'eau, ce me semble,
Et pareil (peut-estre) encore est
A celui qui du bois assemble
Pour le porter en la forest.

Princesse, je ne veux point suivre
D'une telle mer les dangers,
Aimant mieux entre les miens vivre
Que mourir chez les étrangers.

Mieux vaut que les siens on précède,
Le nom d'Achille poursuivant,
Que d'être ailleurs un Diomède,
Voire un Thersite bien souvent.

Quel siècle éteindra ta mémoire,
O Boccace ! Et quels durs hivers
Pourront jamais sécher la gloire,
Pétrarque, de tes lauriers verds ?

Qui verra la vostre muette,
Dante, Bembe, à l'esprit hautain ?
Qui fera taire la musette
Du pasteur Néapolitain ?

Le Lot, le Loir, Tonvre et Garonne,
A vos bords vous direz le nom,
De ceux que la docte couronne
Éternise d'un haut renom.

Et moi (si pourtant mon délire
Ne me déçoit) je te promets,
Loire, et je jure que ta lyre,
Si je vis, ne mourra jamais.

LA CHANSON

DU VANNEUR DE BLÉ.

—

A vous, troupe légère,
Qui d'aisle passagère
Par le monde volez,
Et d'un sifflant murmure
L'ombrageuse verdure
Doucement esbranlez.

J'offre ces violettes,
Ces lys et ces fleurettes,
Et ces roses ici,
Ces vermeillettes roses,
Tout fraîchement escloses,
Et ces œillets aussi :

De vostre douce haleine
Esventez ceste plaine,

Esventez ce séjour,
Cependant que j'ahanne [1]
A mon blé que je vanne
A la chaleur du jour.

[1] Je fatigue, je travaille.

SONNET.

Las! où est maintenant ce mespris de fortune?
Où est ce cœur vainqueur de toute adversité,
Cet honneste désir de l'immortalité,
Et ceste belle flamme au peuple non commune?

Où sont ces doux plaisirs qu'au soir, sous la nuit brun[e]
Les muses me donnoient, alors qu'en liberté,
Dessus le verd tapis d'un rivage écarté,
Je les menois danser au rayon de la lune?

Maintenant la fortune est maistresse de moi,
Et mon cœur, qui souloit estre maistre de soi,
Est serf de mille maux et regrets qui m'ennuyent[.]

De la postérité je n'ai plus de souci,
Ceste divine ardeur, je ne l'ai plus aussi;
Et les muses de moi, comme estranges, s'enfuy[ent.]

SONNET.

Nouveau venu, qui cherche Rome en Rome,
Et rien de Rome en Rome n'aperçois,
Ces vieux palais, ces vieux arcs que tu vois,
Et ces vieux murs, c'est ce que Rome on nomme.

Voi quel orgueil, quelle ruine, et comme
Celle qui mit le monde sous ses loix,
Pour dompter tout, se dompta quelquefois,
Et devint proie au temps qui tout consomme.

Rome de Rome est le seul monument ;
Et Rome, Rome, a vaincu seulement.
Le Tybre seul, qui vers la mer s'enfuit,

Reste de Rome ; ah ! mondaine inconstance !
Ce qui est ferme est par le temps détruit ;
Et ce qui fuit au temps fait résistance.

SONNET.

Ni la fureur de la flamme enragée,
Ni le tranchant du fer victorieux,
Ni le dégat du soldat furieux,
   Qui tant de fois, Rome, t'a saccagée;

Ni coup sur coup ta fortune changée,
Ni le ronger des siècles envieux,
Ni le dépit des hommes et des dieux,
Ni contre toi ta puissance rangée;

Ni l'ébransler des Vents impétueux,
Ni le débord de ce dieu tortueux
Qui tant de fois t'a couvert de son onde,

N'ont tellement ton orgueil abaissé,
Que la grandeur du rien qu'ils t'ont laissé
Ne fasse encor émerveiller le monde.

LE POËTE COURTISAN.

Je ne veux point ici du maistre d'Alexandre,
Touchant l'art poétic, les préceptes t'apprendre :
Tu n'apprendras de moi comment jouer il faut,
Les misères des rois dessus un échaffaud :
Je ne t'enseigne l'art de l'humble comédie,
Ni du mécnien la muse plus hardie :
Bref je ne montre ici, d'un vers horacien,
Les vices et vertus du poëme ancien ;
Je ne dépeins aussi le poëte du vide [1] ;
La cour est mon auteur, mon exemple, mon guide.
Je te veux peindre ici, comme un bon artisan,
De toutes ses couleurs l'Apollon courtisan,
Où la longueur surtout il convient que je fuie ;
Car de tout long ouvrage à la cour on s'ennuie.

Celui donc qui est né (car il se faut tenter
Avant que l'on se vienne à la cour présenter)
Pour ce gentil métier, il faut que, de jeunesse,
Aux ruses et façons de la cour il se dresse.

[1] Allusion à Vida.

Ce précepte est commun ; car qui veut s'avancer
A la cour, de bonne heure il convient commencer.

Je ne veux que long-temps à l'étude il pallisse ;
Je ne veux que resveur sur le livre il vieillisse,
Feuilletant, studiant, tous les soirs et matins,
Les exemplaires grecs et les auteurs latins ;
Pour un vers allonger que ses ongles il ronge,
Ou qu'il frappe sur table, ou qu'il resve, ou qu'il songe,
Se brouillant le cerveau de pensemens divers,
Pour tirer de sa tête un misérable vers,
Qui ne rapporte, ingrat ! qu'une longue risée
Partout où l'ignorance est plus autorisée.

Toi donc qui as choisi le chemin le plus court,
Pour être mis au rang des sçavans de la cour,
Sans mascher le laurier, ni sans prendre la peine
De songer au Parnasse, et boire à la fontaine
Que le cheval volant de son pied fit jaillir,
Faisant ce que je dis tu ne pourras faillir.

Je veux, en premier lieu, que, sans suivre la trace,
Comme font quelques-uns, d'un Pindare et Horace,
Et sans vouloir, comme eux, voler si hautement,
Ton simple naturel tu suives seulement.
Ce procès tant mené, et qui encore dure,
Lequel des deux vaut mieux, ou l'art, ou la nature,

En matière de vers à la cour est vuidé ;
Car il s'agit ici que tu soyes guidé
Par le seul naturel, sans art et sans doctrine,
Fors cet art qui apprend à faire bonne mine ;
Car un petit sonnet qui n'a rien que le son,
Un dixain à propos, ou bien une chanson,
Un rondeau bien troussé avec une ballade,
(Du temps qu'elle couroit) vaut mieux qu'une Iliade.

Laisse-moi donc que là ces latins et grégeois,
Qui ne servent de rien au poète françois,
Et soit la seule cour ton Virgile et Homère,
Puisqu'elle est, comme on dit, des bons esprits la mère,
La cour te fournira d'argumens suffisans,
Et seras estimé entre les mieux disans.

Je veux qu'aux grands seigneurs tu donnes des devises,
Je veux que tes chansons en musique soient mises,
Et, afin que les grands parlent souvent de toi ;
Je veux que l'on les chante en la chambre du roi.
Un sonnet à propos, un petit épigramme
En faveur d'un grand prince, ou de quelque grand'dame
Ne sera pas mauvais, mais garde-toi d'user
De mots durs et nouveaux, qui puissent amuser
Tant soit peu le lisant ; car la douceur du style
Fait que l'indocte vers aux oreilles distille :
Et ne faut s'enquérir s'il est bien ou mal fait ;

Car le vers plus coulant est le vers plus parfait.

Dès qu'un nouveau poète à la cour se présente,
Je veux qu'à l'aborder finement on le tente;
Car, s'il est ignorant, tu sçauras bien choisir
Lieu et temps à propos pour en donner plaisir :
Tu produiras partout ceste beste, et, en somme,
Aux dépens d'un tel sot tu seras galant homme.
S'il est homme sçavant, il te faut dextrement
Le mener par le nez, le louer sobrement,
Et d'un petit souris et branlement de teste,
Devant les grands seigneurs, lui faire quelque feste;
Le présenter au roi, et dire qu'il fait bien,
Et qu'il a mérité qu'on lui fasse du bien.
Ainsi, tenant toujours le pauvre homme sous bride,
Tu te feras valoir en lui servant de guide;
Et combien que tu sois d'envie époinçonné,
Tu ne seras pour tel toutefois soupçonné.

Je te veux enseigner un autre point notable,
Pour ce que de la cour l'école c'est la table :
Si tu veux promptement en honneur parvenir,
C'est où plus sagement il te faut maintenir;
Il faut toujours avoir le petit mot pour rire;
Il faut des lieux communs qu'à tout propos on tire,
Passer ce qu'on ne sçait, et se montrer sçavant
En ce que l'on a lu deux ou trois soirs devant.

Mais qui des grands seigneurs veut acquérir la grâce;
Il ne faut que les vers seulement il embrasse;
Il faut d'autres propos son style déguiser,
Et ne leur faut toujours des lettres deviser.
Bref, pour être en cet art des premiers de ton âge,
Si tu veux finement jouer ton personnage,
Entre les courtisans du sçavant tu feras,
Et entre les savans courtisan tu seras.

Pour ce, te faut choisir matière convenable,
Qui rende son auteur au lecteur agréable,
Et qui de leur plaisir t'apporte quelque fruit;
Encore pourras-tu faire courir le bruit
Que si tu n'en avois commandement du prince,
Tu ne l'exposerois aux yeux de ta province
Mais te contenterois de le tenir secret;
Car ce que tu en fais est à ton grand regret.

Et, à la vérité, la ruse coutumière,
Et la meilleure, c'est ne rien mettre en lumière;
Mais jugeant librement des œuvres d'un chacun,
Ne se rendre sujet au jugement d'aucun,
De peur que quelque fol te rende la pareille,
S'il gagne, comme toi, des grands princes l'oreille.

Tel estoit de son temps le premier estimé,
Duquel si l'on eust lu quelque ouvrage imprimé,

Il eust renouvellé peut-être la risée
De la Montagne enceinte, et sa muse, prisée
Si haut auparavant, eust perdu, comme on dit,
La réputation qu'on lui donne à crédit.
Retiens doncque ce point; et si tu m'en veux croire,
Au jugement commun ne hazarde ta gloire :
Sois sage, sois content du jugement de ceux
Lesquels trouvent tout bon, auxquels plaire tu veux,
Qui peuvent t'avancer en état et offices,
Qui te peuvent donner de riches bénéfices,
Non ce vent populaire et ce frivole bruit,
Qui, de beaucoup de peine, apporte peu de fruit.

Ce faisant, tu tiendras le lieu d'un Aristarque,
Et entre les sçavans seras comme un monarque.
Tu seras bien venu entre les grands seigneurs,
Desquels tu recevras les biens et les honneurs,
Et non la pauvreté des Muses l'héritage,
Laquelle est à ceux-là réservée en partage,
Qui dédaignant la cour, fascheux et mal-plaisans,
Pour allonger leur gloire, accourcissent leurs ans.

J. A. DE BAÏF.

J. A. DE BAÏF.

LES ROSES.

AU SIEUR GUIBERT.

Guibert, qui la vertu chéris,
Afin que l'âge à venir sache
Que ma Muse ingrate ne cache
Le nom de ses plus favoris ;
Prends de ses roses le chapeau,
A qui ni chaleur ni gelée
N'ostera ce qu'il a de beau
Pour honorer ta renommée.

Au mois que tout est en vigueur,
Un jour que la blanche lumière

Poignoit, comme elle est coustumière,
Soufflant la piquante fraîcheur :
Je m'en allois me promenant
Autour des planches compassées ;
Un chemin, puis l'autre prenant
A travers les sentes dressées.

Je vis la rosée tenir
Pendant sous les herbes penchantes,
Et sur les cimes verdissantes
Se concréer et contenir :
Je vis sous la clarté nouvelle
Les fraisches fleurs s'épanouir,
Je vis les rosiers s'esjouir,
Cultivés d'une façon belle.

Mais en peu d'espace de temps,
Les fleurons des roses naissantes,
Diversement s'épanissantes
Par compas se vont départans :
L'un de l'étroit bouton couvert,
Se cache sous sa verte feuille,
L'autre par le bout entr'ouvert
Pousse l'écarlate vermeille.

Bientost après il a desclos
Du bouton riant l'excellence,

Décelant la drue semence
Du saffran qu'il tenait enclos,
Lui qui tantost resplendissant,
Montrait toute sa chevelure,
Le voici, pâle et flestrissant,
Qui perd l'honneur de sa feuillure.

Je m'esmerveillois en pensant
Comme l'âge, ainsi larronnesse,
Ravit la fuitive jeunesse
Des roses vieilles en naissant :
Quand voici l'incarnate fleur
Ainsi que j'en parle s'effeuille,
Et, couverte de sa rougeur,
La terre en éclate vermeille.

De toutes ces formes l'effet
Et tant de soudaines nuances,
Et telles diverses naissances,
Un jour les fait et les défait.
O nature, nous nous plaignons
Que des fleurs la grâce est si brève,
Et qu'aussitost que les voyons,
Un malheur tes dons nous enlève.

Un seul bien ces fleurettes ont,
Combien qu'en peu de temps périssent,

Par succès elles refleurissent,
Et leur saison plus longue font :
Fille, viens la rose cueillir,
Tandis que sa fleur est nouvelle ;
Souviens-toi qu'il te faut vieillir
Et que tu flestriras comme elle.

A SOI-MESME.

Baïf, si tu veux savoir
　　Quel avoir
Pourroit bien heureux te rendre
En ce douteux vivre-ci,
　　Oy ceci,
Et tu le pourras apprendre.

O chétif! cet heur, hélas!
　　Tu n'as pas!
Et ta fortune est trop dure!
Mais ce qu'on ne peut changer
　　Est léger,
Si constamment on l'endure.

Un bien tout acquis trouver;
　　N'éprouver,
Pour l'avoir aucune peine:
Un champ ne trompant ton vœu:

D'un bon feu
Ta maison tousjours sereine :

N'avoir que faire au palais
 Ni aux plaids :
Loin de cour, l'esprit tranquille,
Les membres gaillards et forts
 En un corps
Bien sain, dispos et agile.

Ceste simplesse entre gens
 Se rangeans
Sous une amitié sortable :
Un vivre passable et coi
 A requoi,
Sans trop surcharger la table :

Passer gaiement les nuicts,
 Hors d'ennuis ;
Toutefois n'estre pas ivre :
Un lict qui ne te déçoit ;
 Mais qui soit
Chaste, et de noises délivre :

Estre content de ton bien,
 Et plus rien

Ne désirer ni prétendre;
Sans souhaits, sans crainte aussi,
    Hors souci,
Ton heure dernière attendre.

AMOUR OISEAU.

Un enfant oiseleur, jadis en un bocage,
Giboyant aux oiseaux, vit dessus le branchage
D'un houx, Amour assis; et l'ayant apperçu,
Il a dedans son cœur un grand plaisir conçu :
Car l'oiseau sembloit grand. Ses gluaux il appreste :
L'attend, et le chevale, et guettant à sa queste,
Tasche de l'asseurer, ainsi qu'il sauteloit.
Enfin, il s'ennuya de quoi si mal alloit
Toute sa chasse vaine; et ses gluaux il rue,
Et va vers un vieillard assis à la charrue,
Qui lui avoit appris le mestier d'oiseleur ;
Se plaint et parle à lui, lui conte son malheur ;
Lui monstre Amour branché. Le vieillard lui va dire,
Hochant son chef grison et se ridant de rire :
« Laisse, laisse, garçon, cesse de pourchasser
La chasse que tu fais ; garde-toi de chasser
Après un tel oiseau. Telle proie est mauvaise.
Tant que tu la lairras, tu seras à ton aise;

Mais si à l'âge d'homme une fois tu atteins,
Cet oiseau qui te fuit, et de qui tu te plains
Comme trop sautelant, de son motif s'appreste,
Venant à l'impourvu, se planter sur ta teste. »

LE CALCUL DE LA VIE.

Tu as cent ans et davantage :
Mais calcule de tout ton âge,
Combien en eut ton créancier,
Combien tes folles amourettes,
Combien tes affaires secrètes,
Combien ton pauvre tenancier.

Combien tes procès ordinaires,
Combien tes valets mercenaires,
Combien ton aller et venir ;
Ajoute aussi tes maladies,
Ajoute encore tes folies,
Si tu pouvois t'en souvenir :

Et tout cela qui, sans usage,
S'en est allé pour ton dommage :
Si tout cela tu en rabas,
Te verras avoir moins d'années
Que tu ne t'en étois données,
Et que tout jeune tu t'en vas.

REMI BELLEAU.

REMI BELLEAU.

ODE

POUR LA PAIX.

Quitte le ciel, belle Astrée,
En France tant désirée,
Viens faire ici ton séjour
    A ton tour :
Assez les flammes civiles
Ont couru dedans nos villes,
Sous le fer et la fureur ;
Assez la pâle famine,
Et la peste et la ruine,
Ont ébranlé ton bonheur.

Le rocher ni la tempeste
Tousjours ne pend sur la teste
Du pilote paslissant,
    Frémissant :

La nue épaisse en fumée,
Tousjours ne se fond armée
De feu, de soufre et d'éclair ;
Quelquefois après l'orage,
Elle fourbit le nuage
Et le rend luisant et clair.

Monstre nous ta face belle,
En ceste saison nouvelle ;
En pitié regarde nous
    D'un œil doux !
Que dans ta main que j'honore,
Au soir l'épi se redore !
Viens plus gracieux encor
Que n'est l'étoile qui guide
Le soleil, quand par le vuide
Il étend son crespe d'or !

Que le ciel à ta venue
Épanche une douce nue
De parfums, et de senteurs,
    Et d'odeurs,
De miel, de manne sucrée,
Tant, que la France enivrée,
Soit grosse d'un beau printemps
D'un printemps qui tousjours dure,

Et qui surmonte l'injure
Et les outrages du temps!

Sois donc, Seigneur, la défense
Et le rempart de la France,
Nourrissant nostre grand roi
    En ta loi,
Et que dans ta main maistresse
Croisse sa tendre jeunesse,
Lui servant de guide encor
Pour le dresser en la voie
Comme Apollon devant Troye
S'avançoit devant Hector!

AMOUR

PICQUÉ DUNE MOUCHE A MIEL.

ODE.

Amour ne voyoit pas enclose
Entre les replis de la rose
Une mouche à miel, qui soudain
En l'un de ses doigts-là vint poindre :
Le mignon commence à se plaindre,
Voyant enfler sa blanche main.

Aussi tost à Venus la belle
Fuyant il volle à tire d'aile,
Mère, dit-il, c'est fait de moi,
C'en est fait, et faut qu'à ceste heure,

Navré jusques au cœur je meure,
Si secouru ne suis de toi.

Navré je suis en ceste sorte,
D'un petit serpenteau qui porte
Deux ailerons dessus le dos,
Aux champs une abeille on l'appelle :
Voyez donc ma playe cruelle,
Las! il m'a picqué jusqu'à l'os.

Mignon (dist Vénus) si la pointe
D'une mouche à miel, telle atteinte
Droit au cœur (comme tu dis) fait,
Combien sont navrez davantage
Ceux qui sont espoinds de ta rage,
Et qui sont blessez de ton trait?

AVRIL.

Avril, l'honneur et des bois
  Et des mois;
Avril, la douce espérance
Des fruits qui, sous le coton
  Du bouton,
Nourrissent leur jeune enfance :

Avril, l'honneur des prez' vers,
  Jaunes, pers,
Qui, d'une humeur bigarrée,
Émaillent de mille fleurs
  De couleurs,
Leur parure diaprée.

Avril, l'honneur des Soupirs
  Des Zéphirs,
Qui, sous le vent de leur aile,
Dressent encore és forêts

De doux rets,
Pour ravir Flore la belle;

Avril, c'est ta douce main
　　Qui du sein
De la nature desserre
Une moisson de senteurs
　　Et de fleurs
Embâsmant l'air et la terre;

Avril, la grâce et le ris
　　De Cypris
Le flair et la douce haleine;
Avril, le parfum des dieux
　　Qui des cieux
Sentent l'odeur de la plaine:

C'est toi, courtois et gentil,
　　Qui d'exil
Retires ces passagères,
Ces arondelles qui vont
　　Et qui sont
Du printemps les messagers.

L'aubépine, et l'églantin,
　　Et le thym,
L'œillet, le lis, et les roses,

En ceste belle saison,
    A foison,
Monstrent leurs robes escloses.

Le gentil rossignolet,
    Doucelet,
Découpe, dessous l'ombrage,
Mille fredons babillards,
    Fretillards,
Au doux son de son ramage.

Mai vantera ses fraischeurs,
    Ses fruits meurs,
Et sa féconde rosée,
La manne, le sucre doux,
    Le miel roux
Dont sa grâce est arrosée.

Mais moi je donne ma vois
    A ce mois
Qui prend le surnom de celle
Qui de l'escumeuse mer
    Vit germer
Sa naissance maternelle.

DUBARTAS.

DUBARTAS.

DESCRIPTION

DU JARDIN D'ÉDEN.

Si je dis que tousjours, d'une face seraîne,
Le Ciel d'un seul coup d'œil embrassoit cette plaine;
Que des rochers cambrés le doux miel distilloit;
Que le lait nourricier par les champs ruisseloit;
Que les ronces avoient mesme odeur que les roses;
Que tout terroir portoit en tout temps toutes choses,
Et sous mesmes rameaux, cent et cent fruits divers
Pendoient en mesme temps ni trop meurs ni trop vers;
Que le plus aigu fruit et l'herbe plus amère
Égaloit en douceur le sucre de Madère;

Si je dis que l'orage, en son cours violent,
Des fleuves ne souilloit le cristal doux-coulant,
Fleuves qui surmontoient en bon goust le breuvage

Qui du Crétois Cérathe honore le rivage,
Que les sombres forêts des myrtes amoureux,
Des prophètes lauriers, des palmiers généreux,
Ne s'effeuilloient jamais, ains leur nouveau feuillage
Voûtoit mille berceaux, fertiles en ombrage,
Où cent sortes d'oiseaux nuit et jour s'esbatoient,
S'entrefaisoient l'amour, sauteloient, voletoient,
Et mariant leurs tons aux doux accents des anges,
Chantoient et l'heur d'Adam et de Dieu les louanges :
Car pour lors les corbeaux, loriots et hibous
Avoient des rossignols le chant doctement doux,
Et les doux rossignols avoient la voix divine
D'Orphée et d'Amphion, d'Arion et de Line...

Si je dis que Phébus n'y faisoit arriver
L'esté par son retour, par sa fuite l'hiver,
Mais l'amoureux printemps tenoit tousjours fleuries
Des doux-fleurans vallons les riantes prairies ;
Que le robuste Adam ne sentoit point son corps
Aggravé des autans, ni roidi par les nords,
Mais d'un doux ventelet l'haleine musquétée,
Coulant en la forest par l'Éternel plantée,
Donnoit vigueur au corps, à la terre verdeur,
A la verdure fleurs, aux fleurs une aîne odeur ;
Qu'au jour la nuit prêtoit son humeur nourricière,
Et le jour à la nuit moitié de sa lumière.
Que la grêsle jamais n'attéroit les moissons ;

Que les frimats, la neige et les luisans glaçons
N'envieillissoient les champs; qu'un éclatant orage
N'escarteloit les monts; qu'un pluvieux ravage
N'amaigrissoit la terre, ains les champs produisoient
Les fécondes vapeurs qui leur face arrosoient,
Je ne pense mentir : plutost, honteux, j'accuse
D'indocte pauvreté ma bégayante muse.

Si tu veux en deux mots la louer comme il faut,
Dis que c'est le portrait du paradis d'en haut,
Où nostre ayeul avoit, ô merveilles estranges!
Dieu pour entre-parleur, pour ministres les anges.

LE DÉLUGE.

L'amas des eaux du ciel, joint à nos basses eaux,
Des monts plus sourcilleux dérobant les coupeaux,
Auroit noyé ce tout, si, triomphant de l'onde,
Noé n'eust comme enclos dans peu d'arbres le monde,
Bâtissant une nef, et par mille travaux,
Conservant là-dedans tout genre d'animaux.
Ils n'y furent entrés, que dans l'obscure grotte
Du matin roi des vents, le Tout puissant, garotte
L'aquilon chasse-nue, et met pour quelque temps
La bride sur le col aux forcenés autans.
D'une aile toute moite ils commencent leur course ;
Chaque poil de leur barbe est une humide source,
De nues une nuit enveloppe leur front ;
Leur crin froid et neigeux, tout en pluie se fond,
Et pressant de leur main l'épaisseur des nuages,
Les font crever en pluie, en éclairs, en orages.
Les torrents écumeux, les fleuves, les ruisseaux,
S'enflent en un moment : jà les confuses eaux
Perdent leurs premiers bords, et dans la mer salée

Ravageant les moissons, courent bride avalée.
La terre tremble toute, et tressaillant de peur,
Dans ses veines ne laisse une goutte d'humeur:
Et toi, toi-même, ô ciel! les écluses débondes
De tes larges marets, pour dégorger les ondes
Sur ta sœur, qui vivant, et sans honte et sans loi,
Se plaisoit seulement à déplaire à ton roi.

Jà la terre se perd, jà Nérée est sans marge;
Les fleuves ne vont plus se perdre en la mer large;
Eux-mêmes sont la mer; tant d'océans divers
Ne font qu'un océan : même cet univers
N'est rien qu'un grand étang, qui veut joindre son onde
Au demeurant des eaux répandu sur le monde.
L'estourgeon côtoyant les cimes des chateaux
S'esmerveille de voir tant de toits sous les eaux.
Le manat, le mular, s'allongent sur les croupes
Où naguère broutoient les sautelantes troupes
Des chèvres porte-barbe, et les dauphins camus
Des arbres montagnards rasent les chefs ramus.
Rien ne sert au lévrier, au cerf, à la tigresse,
Au lièvre, au cavalot, sa plus prompte vitesse :
Plus il cherche la terre, et plus et plus, hélas!
Il la sent, effrayé, se perdre sous ses pas.
Le bièvre, la tortue, et le fier crocodile,
Qui jadis jouissoient d'un double domicile,
N'ont que l'eau pour maison; les loups et les agneaux,

Les lions et les daims, voguent dessus les eaux,
Flanc à flanc, sans soupçon. Le vautour, l'hirondelle,
Après avoir long-temps combattu de leur aile
Contre un trépas certain, enfin tombent lassés,
N'ayant où se percher, dans les flots courroucés.
Quant aux pauvres humains, pendant que celui gagne
La pointe d'une tour, l'autre d'une montagne,
L'autre pressant un cèdre, ou des pieds, ou des mains,
Gravit jusqu'aux sommets des rameaux incertains.
Mais las ! les flots montans à mesure qu'ils montent,
Dès que leur chef paroît, aussitôt le surmontent;
L'un flotte sur des ais, encore mi-dormant,
L'autre de pieds et bras va sans cesse ramant,
Ayant vu s'abîmer ses germaines, sa mère,
Le plus cher de ses fils, sa compagne et son père :
Mais enfin il se rend, jà las de trop ramer,
A la discrétion de l'infidèle mer.
Tout, tout meurt à ce coup : mais les Parques cruelles,
Qui jadis, pour trancher les choses les plus belles,
S'armoient de cent harnois, n'ont ores pour bourreaux
Que les efforts baveux des bouillonnantes eaux.
Tandis la sainte nef, sur l'échine azurée
Du superbe océan, navigeoit assurée,
Bien que sans mat, sans rame, et loin, loin de tout port,
Car l'Éternel étoit son pilote et son nord;
Trois fois cinquante jours, le général naufrage
Dévasta l'univers; enfin d'un tel ravage

L'Immortel attendri n'eut pas sonné sitôt
La retraite des eaux, que soudain flot sur flot
Elles vont s'écouler, tous les fleuves s'abaissent ;
La mer rentre en prison, les montagnes renaissent ;
Les bois montrent déjà leurs limonneux rameaux,
Jà la campagne croît par le décroît des eaux ;
Et bref la seule main du Dieu darde-tonnerre
Montre la terre au ciel, et le ciel à la terre.

LE SACRIFICE D'ABRAHAM.

Dieu avoit dit: Abram, c'est ton Dieu qui demande
Le sang d'Isac, ton fils; que ton bras le répande.
Le malheureux Abram, qui dormoit à demi,
Voit, ou bien pense voir un fantôme ennemi,
S'enfonce entre deux draps, tremble, et ne peut à peine
D'un grand quart d'heure après reprendre son haleine.
Au son de ces deux mots, ce père infortuné,
D'étonnement saisi, demeure consterné :
Une froide sueur de tout son corps dégoutte ;
La parole lui manque, il n'oit, il ne voit goute :
Que je tue un aîni, que je souille, inhumain,
Dans le sang de mon fils, ma parricide main?
Mais, hélas! de quel fils? d'Isac, mon fils unique,
Dont la douceur répond à sa face angélique !
Qu'un détestable autel je trempe de son sang,
D'un sang qui jaillira du flanc né de mon flanc?
Ah! que ne peut le mien suffire à ta vengeance,
Grand Dieu! je l'épandrois avec reconnoissance.
Je ne porte aucun fruit, semblable au chêne creux,
Ébranlé, contrefait, dépouillé de cheveux,

Et qui n'étant moins sec dehors que dans la terre,
Ne sert que d'échalas au gravissant lierre.
Mon bras, pourras-tu bien, pourras-tu, cruel bras,
Enfoncer dans le cœur d'Isac ton coutelas?
Qui, moi, que je défasse! ô félonie extrême!
Que je défasse, hélas! ce que j'ai fait moi-même?
Que j'ouvre sa poitrine; et que d'un bras sanglant,
J'en arrache, cruel, son cœur encor tremblant?
Quoi! c'est l'ordre de Dieu? Dieu, colonne éternelle
De foi, de vérité, sera donc infidelle?
Après avoir juré par ton éternité,
Que mon fils peuplera de sa postérité
La terre où je voyage, et qu'à jamais sa grâce
Veut par Isac, mon fils, éterniser ma race;
Or il commandera que presque en son berceau,
J'étouffe de mes mains l'innocent jouvenceau?
Dieu fera guerre à Dieu? sa voix sera traistresse?
Et son commandement combattra sa promesse?
Dieu m'apprendra lui-même à lui manquer de foi?
Faut-il tantost braver, tantost suivre sa loi?
Abram! las! sur ton Dieu, tu veux trop entreprendre;
Celui qui le phénix ravive de sa cendre,
Et du tombeau luisant du fileur vermisseau,
Pour l'ornement des rois, fait renaître un oiseau,
Oubliera-t-il Isac, la sainte pépinière
De sa future église, et l'unique lumière
Qui fera jour au monde? Hé! ne pourra-t-il pas

Lui redonner la vie au milieu du trépas ?
Mais Dieu défend le meurtre; oui, Dieu ce tendre père
Ne déteste rien tant qu'un homme sanguinaire.
Homme, ne sonde point les abîmes profonds
Des jugemens de Dieu ; ils n'ont rive ni fonds.
Contiens-toi dans les bords d'une sobre sagesse ;
Admire seulement ce qu'encor la foiblesse
De ta foi ne comprend : Dieu, ce maître des rois,
Comme législateur, est au-dessus des loix.
Ha ! profane penser ! et quoi donque ? j'estime
Qu'il désire, cruel, une humaine victime ?
Qu'il se plaise à rôder, à l'entour d'un bûcher,
Pour humer notre odeur et paître notre chair !
Non, non, il ne veut pas que l'innocent périsse,
Il veut qu'un repentir serve de sacrifice.
Démons, vous seuls mués en anges de clarté,
Voulez faire mon Dieu auteur de cruauté.

Comme le pin soufflé et du nord et du not,
Tantôt coule de-çà, de-là panche tantôt ;
Et bruit en éclatant une vive racine ;
Ici se brise une autre ; il s'élève, il s'incline,
Jouet de deux tyrans, il veut et ne peut choir,
Et chancellant, ne sait quel maître il doit avoir.
Tel Abram combattu par l'amour et le zèle,
Est or' père inhumain, ores père fidèle,
Ou l'esprit, ou la chair gagnant le plus haut lieu,

Lent à tuer son fils, froid à déplaire à Dieu.
Enfin il dit ainsi : C'est Dieu, c'est Dieu lui-même,
Que j'ai vu si souvent ; c'est ce bon Dieu qui m'aime,
Me garde, me soutient ; c'est sans doute sa voix,
Sa voix même qui m'a consolé tant de fois ;
Dieu requiert de ma main ce triste sacrifice ;
Il faut, quoiqu'il en soit, qu'à sa voix j'obéisse.
Lors il marche au saint mont ; et tremblant et sans voix,
Il monte avec son fils chargé du sacré bois.
Mon père, dit Isaac, voici bien et la flamme,
Et le bois desséché, et la tranchante lame ;
Mais où est la victime ? Hé ! monte, ô mon cher cœur,
Et remets, dit Abram, ce qui reste au Seigneur.
Mais las ! Abram pâlit, sitôt que la victime
Eut attaché ses yeux à la pierreuse cime.
Et toi, pauvre Isaac, tu portes sur ton dos
Le bois qui en brûlant doit consumer tes os,
Et tu te rends, hélas ! sans être atteint de crime,
D'un même sacrifice et ministre et victime.

Grand Dieu, s'écrie Abram ! ô père malheureux,
Mais méchant to.. ensemble, hé quel sort rigoureux
Nous pousse en cet abîme, où faut que misérable
Pour être vraiment saint, je me rende coupable ?
Il marche néanmoins, et surmontant le mont,
Consolé par la foi, il serène son front ;
Ainsi ni plus ni moins que l'étoile argentine,

Qui naguère a lavé sa face en la marine.
Il bâtit son autel, le bûcher est dressé,
Et le bras de son fils d'une corde est pressé.

Mon père, dit Isac, mon père, mon bon père,
Eh quoi ? vous me montrez votre face sévère !
Mon père, hé ! dites moi, quels apprêts sont ceci ?
O cruauté nouvelle ! est-ce donques ainsi
Que par moi vous devez être ayeul de ces princes,
Qui braves dompteront ces fertiles provinces,
Et que je dois remplir, saintement glorieux,
Ce bas monde de rois, et d'étoiles les cieux ?
Mon père, écoutez-moi ; non, non, je ne désire
Détourner, orateur, le tourment de votre ire :
Moissonnez hardiment le grain par vous semé ;
Venez ; ôtez la vie à votre bien-aimé ;
Enivrez de mon sang ce gazon exécrable ;
Puisque ma mort vous plaît, ma mort m'est agréable.
Mais quel est mon forfait qui nous rende, ô rigueur !
Moi la victime, et vous le sacrificateur ?
Faites-moi souvenir d'une faute si grande,
Afin qu'après, mon Dieu, pardon je vous demande :
Afin que mon forfait soit pardonné par vous,
Que vous viviez content, et que je meure absous.

Mon fils, reprit Abram, non, ce n'est pas un crime,
C'est le vouloir divin qui t'a rendu victime.

Dieu, notre Dieu t'appelle, et ne veux qu'ici-bas
Tu passes, en longueur, de la vie au trépas.
Que crains-tu, mon amour? Ô ma joie plus grande!
Ô mon fils, que crains-tu? l'immortel le commande.
Dociles à sa voix, ne nous informons pas
Comment sage il fera germer de ton trépas
Tant de sceptres promis; celui qui t'a fait naître,
Contre nature peut te redonner un être.
Reçois donc, ô mon fils, non plus mien, mais de Dieu,
Et le dernier baiser, et le dernier adieu.

Ha! puisque Dieu le veut, que vous aussi, mon père,
Le voulez, je le veux; ô mort non tant sévère
Qu'honorable pour moi! viens t'en, hâte le pas!
Je vois les cieux ouverts, et Dieu me tend les bras.
Allons: courons à lui, et d'un brave courage
Soutenons la fureur d'un passager orage.

Quoi? votre bras hésite à porter ces grands coups,
Hé! ne me pleurez plus, je ne suis plus à vous;
J'étois à l'Éternel même avant ma naissance,
Vous m'avez possédé par sa seule indulgence;
Vous reculez, si près d'une si belle fin!
Vous voulez que mon col, en fuyant votre main
Avecque votre joug, le joug de Dieu secoue,
Et que de sa parole impudent je me joue?
Où fuirai-je sa main? Le ciel est sa maison,

18.

Son marche-pied la terre : et l'obscure prison
Du peuple criminel, qui aux enfers soupire,
Est la bute des traits que décoche son ire.
De lui dépend mon heur, de lui dépend mon bien,
Et je n'ai pour franchir autre autel que le sien.
Hélas ! ne pleurez plus, ce saint gazon demande
Plus de sang que de pleurs ; il faut et que l'offrande
Et que l'offrant encor, poussés de piété,
Rendent libre ce coup, fait par nécessité.
Montrons que nous avons demeuré dans l'école
Moi de vous, vous de Dieu, et qu'encor sa parole,
Qui forma, qui soutient, qui conduit l'univers,
Mène à son but le saint, et traîne le pervers.
Celui qui n'aime Dieu plus que toute sa race
Entre les fils de Dieu ne mérite avoir placé ;
Et qui veut labourer de Dieu le champ fécond
Ne doit tourner jamais en arrière le front.

Ainsi le père hébreu serène son visage,
Et prononce ces mots : Courage, Abram, courage !
La chair, le monde, Adam, sont du tout morts en toi :
En toi vit seulement Dieu, l'esprit et la foi.

Abram ! s'écria Dieu, c'en est assez ; demeure ;
Rengaine ton acier : je ne veux qu'Isac meure ;
J'ai de ta piété fait un essai parfait ;
Il me suffit : je prends le vouloir pour l'effet.

Lors Abram loue Dieu, sur le champ désenlace
La trop chère victime, et remet, en sa place,
Un agneau qui, conduit par miracle en ce lieu,
Sur l'autel verdissant verse son sang à Dieu.

SONNET.

Ce roc voûté par art, par nature ou par l'âge,
Ce roc de Taracon hébergea quelquefois
Les géans qui rouloient les montagnes de Foix,
Dont tant d'os excessifs rendent sûr témoignage.

Saturne, grand faucheur, tems constamment volage,
Qui changes à ton gré et les mœurs et les lois,
Non sans cause à deux fronts on t'a peint autrefois :
Car tout change sous toi chaque heure de visage.

Jadis les fiers brigands, du pays plat bannis,
Des bourgades chassés, dans les villes punis,
Avaient tant seulement des grottes pour asyles.

Ores [1] les innocens, peureux, se vont cacher
Ou dans un bois épais, ou sous un creux rocher,
Et les plus grands voleurs commandent dans les villes.

[1] Maintenant.

J. B. CHASSIGNET.

J. B. CHASSIGNET.

ODE SACRÉE.

Daigne me regarder des yeux de ta clémence ;
Ne me corrige point, seigneur, dans ta vengeance,
Et suspends sur mon chef ton courroux endurci ;
Mais touché des accents de ma plainte éplorée,
Évoque, père doux, ma cause déplorée
Du siége de justice au trosne de merci.

Seigneur, si de tes mains les ouvrages nous sommes,
Pardonne aux criminels comme père des hommes,
Et non point comme auteur de leur iniquité :
Siéroit-il pas bien mieux à ta divine essence
D'effacer le péché par ta grande clémence
Qu'effacer le pécheur par ta sévérité ?

Tire-moi des langueurs qui me suivent sans nombre,
Comme les corps humains sont suivis de leur ombre,
Plutost par ta bonté que par ton jugement ;

Et retourne sur moi les yeux de ton visage,
Tels qu'il luisent en toi, quand tu portes l'image
Non d'un juge irrité, mais d'un père clément.

Que si tu veux, seigneur, perdre ta créature,
Quel est celui de nous qui dans la sépulture,
Se souviendra de toi au royaume des morts?
Est-ce dans le tombeau, dessous la terre noire
Que les corps sans esprit célèbrent de ta gloire
La renaissante histoire et les vivants accords?

Qu'excessif et cruel est le mal qui me touche!
Je n'ai plus pour parler de langue ni de bouche;
Car ma bouche ne fait que se plaindre et gémir;
Mon lit toutes les nuits est trempé de mes larmes;
Çà et là combattu de diverses alarmes,
Quand tout le monde dort je ne puis m'endormir.

Pourrois-je bien dormir, pécheur abominable,
Si mes yeux, devenus un fleuve inépuisable,
Ne font plus que pleurer mes immortels ennuis?
J'en ai trouble la vue, et leur prunelle éteinte
Devant mes ennemis, s'éblouissant de crainte,
Au lieu de voir des jours ne voit plus que des nuits.

Mais tu sais pardonner, et ta main tu retire,
Sitost que nous cessons de provoquer ton ire;

Et c'est ainsi, grand Dieu! que variant le sort,
Ceux qui sur nostre honte establissent leurs gloires,
De vergogne éperdus, voyent en nos victoires,
Leur honte et nostre honneur, nostre vie et leur mort.

Ils se réjouissoient de nous voir en tristesse ;
Nos pleurs étoient leurs ris, nos pertes leur richesse,
Nos peines leur repos, nos hivers leur printemps.
Tous nos jours de tempeste étoient leurs jours de calme
Nos plaisirs leur douleur, nos défaites leur palme,
Et nos jours pluvieux le plus beau de leur temps.

Mais en moins d'un moment confondus en leurs trâmes,
Ils frémissent d'horreur, reprochant à leurs âmes,
Tant d'injustes desseins contre nous projettés ;
Et la honte bientôt, à l'eschine courbée,
A l'œil cave, au teint rouge, à la face plombée,
Sera le plus doux fruit de leurs impiétés.

ODE SACREE.

Vois-tu bien ces richards superbement vestus
    De pourpre et d'escarlate,
Qui donnent mille ébats à leur chair délicate,
Mettant en leurs trésors leurs plus belles vertus.

Le frère toutefois ne sauroit de la mort
    Sauver son propre frère,
Ni présenter à Dieu une offrande si chère
Qui réveille un mortel qui sous la tombe dort.

L'inviolable loi du destin lui desfend ;
    La mort aime carnage,
Et frappe également l'ignorant et le sage,
Le prudent et le fol, le vieillard et l'enfant.

Et puis ces malheureux qui tant ont fait de pas,
    Qui tant ont pris de peines
Pour garder leurs trésors, délaissent leurs domaines
Aux mains d'un héritier qu'ils ne connoissent pas.

Leurs jardins si bien faits, leurs parterres si beaux,
    Leur palais et leur grange
Eschappent de leur main, et par un triste eschange,
Au lieu de leurs maisons, ils peuplent des tombeaux.

Cependant ils pensoient, perpétuant leur nom,
    Qu'éternels en leurs races,
Ils pourroient prolonger, jusqu'aux dernières traces
Du monde consumé, leur gloire et leur renom.

Le bras du Tout-puissant de l'enfer abymé
    Délivrera mon âme,
Me recevant à soi aussi tost que la lame
Revomira mon corps de rechef animé.

Mais quand pour les méchants le jour s'esclipsera,
    De leur richesse altière
Ils ne remporteront que les ais d'une bière,
Et leur gloire au tombeau ne les assistera.

Et soudain qu'ils seront dans l'enfer arrestés,
    Compagnons de leurs pères,
Après avoir quitté leurs grandeurs passagères,
Ils pleureront long-temps leurs courtes voluptés.

ODE SACRÉE.

Soit que du beau soleil la perruque empourprée
Redore de ses rais ceste basse contrée ;
Soit que la nuit du monde efface les couleurs,
J'exalterai le jour, ta louange sacrée,
La nuit, je chanterai ta grâce et tes valeurs.

Quoi ! les ingrats pescheurs, dépourvus de science,
Ne se tourneront point devers ta sapience,
Ne reconnaistront point tes hauts faits merveilleux ;
Innombrables hauts faits que par expérience,
Tu révèle aux petits et cache aux orgueilleux.

Ils ne connoistront pas que les ouvriers iniques
De toute impiété, fleurissent magnifiques,
Sur l'avril de leurs jours, en richesse et splendeur ;
Comme on voit au printemps, és campagnes rustiques,
Les herbes s'esmailler de grâce et de verdeur.

Mais qu'ils meurent aussi au janvier de leur âge,

Sans honneur, sans crédit, comme le verd herbage
Se fane au premier froid de l'hiver casanier,
Lorsqu'on le voit changer de teint et de visage,
Et perdre en un moment son lustre printannier.

Pour moi, Seigneur, lavé dedans l'huile d'olive
Ma face reprendra une couleur plus vive,
La bouche un teint plus gai, l'œil un ris plus gaillard,
J'aurai le chef moins gris, la marche plus hastive,
D'âge plus que de corps langoureux et vieillard.

Cependant l'homme droit fleurira de la sorte
Qu'auprès de Jéricho fleurit la palme forte,
Que le cèdre fleurit au Liban bocageux ;
Le vent ni la chaleur aucun coup ne lui porte,
Verdoyant au milieu des hivers orageux.

La plante qui prendra dans la maison divine
Du Seigneur nostre Dieu, une ferme racine,
Se vestira de fleurs, parera de rameaux,
Sans redouter des vents la tempeste mutine,
Ni le chaud de l'esté ni le desbord des eaux.

Le cours du temps goulu ne pourra rien sur elle,
La jeunesse sera sans vieillir éternelle ;
Les oisillons du ciel y viendront faire bruit ;
Son ombre allégera le paysan qui pantelle,

Donnant en sa saison et la feuille et le fruit.

Les plantes estendant leurs racines profondes,
En la maison de Dieu engendreront, fécondes,
Comme leurs devanciers, un grand nombre d'enfants,
Sans que des ans rongeurs les courses vagabondes
Effacent la verdeur de leurs chefs triomphants.

Les enfants nouveaux-nés, admirant la sagesse
De Dieu le créateur, annonceront sans cesse,
Par les quatre climats de ce bas univers,
La grandeur de ses faits, le fruit de sa promesse,
Qui provignant les bons, extirpe les pervers.

ODE SACRÉE.

Tes ennemis, Seigneur, ont fait contre tes Saints
Maints captieux projets, maints sinistres desseins,
      Mainte noire entreprise;
Et par leurs faux conseils, ne tachent, inhumains,
Qu'éventer tes conseils et perdre ton Église.

Les habitants de Tyr, voire les Syriens,
Sont venus au secours des peuples anciens
      Qui de Lot ont pris source,
Conspirant tous ensemble à trouver les moyens
D'arrêter les Hébreux au milieu de leur course.

Conspirant tous ensemble à fourrager leurs champs,
Butiner leurs cités, moissonner leurs marchands
      Au tranchant de leurs glaives,
Profaner leurs autels et repeupler, méchants,
Leurs berceaux d'orphelins et leurs couches de veuves.

Mais vendange, Seigneur, ces nombreux bataillons,
Comme autrefois Moab vit sur les verds sillons

Moissonner ses gens d'armes,
Quand Gédéon vainqueur gagnant ses pavillons,
Divisa son butin et partagea ses armes.

Vendange-les, Seigneur, de la même façon
Que tu fauchas jadis au torrent de Cisson
  Et Jabin et Sisarre,
Quand, l'épée au côté et la lance à l'arçon,
Ils menaçoient Isaç d'un servage barbare.

Leurs bandes, autrefois si pompantes d'orgueil,
Mortes parmi les champs sans larmes et sans deuil,
  Restèrent diffamées,
(Objet cruel à voir!) et n'eurent pour cercueil
Que le ventre glouton de bestes affamées.

Précipite leur troupe, ô Père tout puissant,
Comme du haut sommet d'un roc âpre et glissant
  Roule une forte roue,
Comme un festu de paille ou monte ou redescend,
Sous le souffle divers de l'autan qui s'en joue.

Alors ils connoîtront qu'à toi seul appartient
Tout ce que la rondeur de la terre contient,
  Tout ce que l'air enserre,
Tout ce que la mer même en ses vagues retient,
T'appelant le Seigneur du ciel et de la terre.

SONNET.

Vous avez beau croupir en l'humaine carrière,
Le temps de vostre mort vous ne diminuerez ;
Mais aussi longuement endormis vous serez
Que si vous estiez morts en voyant la lumière.

Là où finit la vie, elle est toujours entière ;
Ce que du temps futur mourant vous laisserez,
N'estoit non plus à vous, que les ans expirez
Avant d'être conceus au sein de votre mère.

Nul meurt avant son jour ; peut-estre au mesme temps
Que vous rendez l'esprit, mille autres moins contents
Ressentent de la mort l'homicide rudesse.

N'estimeriez vous pas les pèlerins bien fous
D'aller sans aucun but ? chétifs, et pensez-vous
N'arriver jamais là où vous couriez sans cesse.

SONNET.

Sais-tu que c'est de vivre ? Autant comme passer
Un chemin tortueux ; ore le pied te casse,
Le genou s'affaiblist, le mouvement se lasse ;
Et la soif vient le teint de la lèvre effacer.

Tantost il t'y convient un tien ami laisser,
Tantost enterrer l'autre ; ore il faut que tu passe
Un torrent de douleur, et franchisses l'audace
D'un rocher sourcilleux, fascheux à traverser.

Parmi tant de destours, il faut prendre carrière
Jusqu'au fort de la mort ; et fuyant en arrière,
Nous ne fuyons pourtant le trespas qui nous suit.

Allons y à regret, l'Éternel nous y traîsne ;
Allons y de bon cœur, son vouloir nous y mène :
Plutôt qu'estre traisné, mieux vaut estre conduit.

PH. DESPORTES.

PH. DESPORTES.

COMPLAINTE.

La terre, naguères glacée,
Est ores de verd tapissée ;
Son sein est embelli de fleurs ;
L'air est encore amoureux d'elle ;
Le ciel rit de la voir si belle,
Et moi j'en augmente mes pleurs.

Ores l'amant sent dedans l'âme,
Pleuvoir des beaux yeux de sa dame
L'espoir, qui plus doucement point ;
Et l'œil, dont je pleure l'absence,
M'a privé de toute espérance ;
Las ! je crains, et n'espère point !

O belle jeunesse du monde,
Des désirs la source féconde,

Mère des nouvelles amours,
De tout l'univers reconnue,
Que me sert ta douce venue,
Si mon hiver dure toujours ?

Reine des fleurs et de l'année,
Toujours pompeuse et couronnée ;
Doux soulas des cœurs oppressés,
Partout où tes grâces arrivent,
Les jeux et les plaisirs te suivent :
Les miens, où les as-tu laissés ?

Quand je vois tout le monde rire,
C'est lors qu'à part je me retire,
Tout morne, en quelque lieu caché,
Comme la veuve tourterelle,
Perdant sa compagne fidèle,
Se branche sur un tronc séché.

Le soleil jamais ne m'éclaire ;
Toujours une horreur solitaire
Couvre mes yeux de son bandeau :
Je ne vois rien que des ténèbres ;
Je n'entends que des cris funèbres ;
Je n'aime rien que le tombeau !

CHANSON.

O bienheureux qui peut passer sa vie
Entre les siens, franc de haine et d'envie,
Parmi les champs, les forêts et les bois,
Loin du tumulte et du bruit populaire,
Et qui ne vend sa liberté pour plaire
Aux passions des princes et des rois !

Il ne frémit quand la mer courroucée,
Enfle ses flots, contrairement poussée
Des vents émus soufflant horriblement,
Et, quand la nuit à son aise il sommeille,
Une trompette en sursaut ne l'éveille
Pour l'envoyer du lit au monument.

L'ambition son courage n'attise ;
D'un fard trompeur son âme il ne déguise ;
Il ne se plaît à violer sa foi ;
Les grands seigneurs sans cesse il n'importune :
Mais, en vivant content de sa fortune,

Il est sa cour, sa faveur et son roi.

Je vous rends grâce, ô déités sacrées
Des monts, des eaux, des forêts et des prées,
Qui me privez de pensers soucieux,
Et qui rendez ma volonté contente,
Chassant bien loin la misérable attente,
Et le désir des cœurs ambitieux!

Dedans mes champs ma pensée est enclose;
Si mon corps dort, mon esprit se repose;
Un soin cruel ne le va dévorant :
Au plus matin la fraîcheur me soulage ;
S'il fait trop chaud je me mets à l'ombrage,
Et s'il fait froid je me chauffe en courant.

Si je ne loge en ces maisons dorées,
Au front superbe, aux voûtes peinturées
D'azur, d'émail, et de mille couleurs,
Mon œil se paît des trésors de la plaine,
Riche d'œillets, de lys, de marjolaine,
Et du beau teint des printannières fleurs.

Dans les palais enflés de vaine pompe,
L'ambition, la faveur qui nous trompe,
Et les soucis logent communément :
Dedans nos champs se retirent les fées,

Reines des bois, à tresses décoiffées,
Les jeux, l'amour et le contentement.

Ainsi vivant, rien n'est qui ne m'agrée,
J'ois des oiseaux la musique sacrée,
Quand au matin ils bénissent les cieux,
Et le doux son des bruyantes fontaines,
Qui vont coulant de ces roches hautaines,
Pour arroser nos prés délicieux.

Que de plaisir de voir deux colombelles
Bec contre bec, en trémoussant des ailes,
Mille baisers se donner tour à tour ?
Puis tout ravi de leur grâce naïve,
Dormir au frais d'une source d'eau vive,
Dont le doux bruit semble parler d'amour!

Que de plaisir de voir sous la nuit brune,
Quand le soleil a fait place à la lune,
Au fond des bois les fées s'assembler,
Montrer au vent leur face découverte,
Danser, sauter, se donner cotte verte,
Et sous leur pas tout l'herbage trembler!

Ainsi la nuit je contente mon âme :
Mais quand le jour de ses rais nous enflamme,
J'essaie encor mille autres jeux nouveaux :

Diversement mes plaisirs j'entrelace;
Tantost je pêche, ou je vais à la chasse,
Tantost je dresse embuscade aux oiseaux.

Douces brebis, mes fidèles compagnes,
Hayes, buissons, forêts, près et montagnes,
Soyez témoins de mon contentement.
Et vous, ô dieux, faites, je vous supplie,
Que cependant que durera ma vie,
Je ne connoisse un autre changement.

A SAINTE AGATHE,

VIERGE ET MARTYRE.

Quel saisissement devoit prendre
Les cœurs des bourreaux inhumains,
De voir que ta jeunesse tendre
Désarmât leurs cruelles mains?
Plus s'accroît leur rage insensée,
Plus se voit ta force augmenter;
Des tourments tu n'es point lassée :
Eux sont las de se tourmenter.

Si rien te déplaît du supplice,
C'est que tu l'estimes trop lent,
Et le feu de ton sacrifice
A ton gré n'est assez brûlant ;
Aussi, dans ta chartre inhumaine,
L'amant de ton cœur souhaité,
Du triomphe honore ta peine,
Et ta mort d'immortalité.

CHANSON.

Douce liberté désirée,
Déesse, où t'es-tu retirée,
Me laissant en captivité?
Hélas! de moi ne te détourne!
Retourne, ô liberté, retourne,
Retourne, ô douce liberté!

Ton départ m'a trop fait connoître
Le bonheur où je souloïs être.
Quand douce tu m'allois guidant,
Hélas! sans languir davantage,
Je devois, si j'eusse été sage,
Perdre la vie en te perdant.

Depuis que tu t'es éloignée,
Ma pauvre âme est accompagnée
De mille épineuses douleurs :
Un feu s'est épris en mes veines,
Et mes yeux, changés en fontaines,
Versent du sang au lieu de pleurs.

Le repos, les jeux, la liesse,
Le peu de soin de la jeunesse,
Et tous les plaisirs m'ont laissé :
Maintenant rien ne me peut plaire,
Sinon, dévot et solitaire,
Adorer l'œil qui m'a blessé.

D'autre sujet je ne compose ;
Ma main n'écrit plus d'autre chose ;
Là, tout mon service est rendu ;
Je ne puis suivre une autre voie ;
Et le peu de temps que j'emploie
Ailleurs, je l'estime perdu.

Quel charme, ou quel dieu plein d'envie,
A changé ma première vie,
La comblant d'infidélité ?
Et toi liberté désirée,
Déesse, où t'es-tu retirée ?
Retourne, ô douce liberté.

Les traits d'une jeune guerrière,
Un port céleste, une lumière,
Un esprit de gloire animé,
Haut discours, divines pensées,
Et mille vertus amassées,
Sont les sorciers qui m'ont charmé.

Las ! donc sans profit je t'appelle,
Liberté précieuse et belle !
Mon cœur est trop fort arrêté.
En vain après toi je soupire,
Et crois que je te puis bien dire :
Pour jamais adieu, liberté !

D'UNE FONTAINE.

Cette fontaine est froide, et son eau doux-coulante,
A la couleur d'argent, semble parler d'amour,
Un herbage mollet reverdit tour à tour,
Et les aunes font ombre à la chaleur brûlante.

Le feuillage obéit à Zéphyr qui l'évente;
Soupirant amoureux en ce plaisant séjour,
Le soleil clair de flamme est au milieu du jour;
Et la terre se fend de l'ardeur violente.

Passant, par le travail du long chemin lassé;
Brûlé de la chaleur, et de la soif pressé,
Arrête en cette place où ton bonheur te mène;

L'agréable repos ton corps délassera;
L'ombrage et le vent frais ton ardeur chassera,
Et ta soif te perdra dans l'eau de la Fontaine.

SONNET.

Icare chût ici, le jeune audacieux,
Qui pour voler au ciel eut assez de courage !
Ici tomba son corps dégarni de plumage,
Laissant tous les grands cœurs de sa chute envieux.

O bienheureux travail d'un esprit glorieux,
Qui tire un si grand gain d'un si petit dommage !
O bienheureux malheur, plein de tant d'avantage
Qu'il rende le vaincu des ans victorieux !

Un chemin si nouveau n'étonna sa jeunesse ;
Le pouvoir lui faillit, mais non la hardiesse ;
Il eut, pour le brûler, des astres le plus beau.

Il mourut poursuivant une haute aventure ;
Le ciel fut son désir, la mer sa sépulture :
Est-il plus beau dessein, ou plus riche tombeau ?

SONNET.

Recherche qui voudra les apparents honneurs,
Les pompes, les trésors, les faveurs variables,
Les lieux haut-élevez, les palais remarquables,
Retraites de pensers, d'ennuis et de douleurs.

J'aime mieux voir un pré bien tapissé de fleurs,
Arrosé de ruisseaux au vif-argent semblables,
Et tout encourtiné de buissons délectables,
Pour l'ombre et pour la soif durant les grant chaleurs.

Là, franc d'ambition, je vois couler ma vie,
Sans envier aucun, sans qu'on me porte envie,
Roi de tous mes désirs, content de mon parti.

Je ne m'enivre point d'une vaine espérance,
Fortune ne peut rien contre mon assurance,
Et mon repos d'esprit n'est jamais diverti.

J. BERTAUT.

J. BERTAUT.

ODE SACRÉE.

Bien heureux est celui qui, parmi les délices
Dont le monde a sucré le poison de ses vices,
Et parmi tant d'appâts à mal faire alléchants,
Régit si prudemment les désirs de son âme,
Que nul secret remords son courage n'entame
Pour avoir augmenté le nombre des méchants.

Qui n'admire en son cœur rien qui soit sous la lune;
Qui ne fait point hommage au sceptre de fortune;
Qui ne lui laisse avoir nul empire sur soi;
Qui vraiment et d'effet est ce qu'il veut paroistre;
Qui de nul maistrisé, de soi-mesme est le maistre,
Régnant sur ses désirs, et leur donnant la loi;

Qui, lisant jour et nuit des yeux de la pensée
La loi du Tout-Puissant en son âme tracée,
Conçoit de beaux désirs, produit de beaux effets,

Et de qui le courrage, abhrrant la vengeance,
D'un volontaire oubli noie en sa souvenance
Les torts qu'il a reçus et les biens qu'il a faits !

Cet homme là ressemble à ces belles olives
Qui du fameux Jourdain bordent les vertes rives,
Et de qui nul hiver la beauté ne destruit :
Les ruisselets d'eau vive autour d'elles gazouillent ;
Jamais leurs rameaux verts leur printemps ne despouillent ;
Et toujours il s'y trouve où des fleurs ou du fruit.

Nul effroi, nulle peur en sursaut ne l'éveille :
Endormi, Dieu le garde ; éveillé, le conseille ;
Conduit tous ses desseins au port de son désir :
Puis fait qu'en terminant son heureuse vieillesse,
Ce qu'il semait en terre avec peine et tristesse,
Il le recueille au ciel en repos et plaisir.

Il n'en va pas ainsi de celui qui mesprise
Et la loi du Seigneur et la voix de l'Église,
Soi-mesme étant son dieu, son église et sa loi :
Sa plus parfaite joie en douleurs est féconde ;
Et, bien qu'il semble avoir son paradis au monde,
Il porte, malheureux, son enfer dedans soi.

Ni pompe, ni grandeur, ni gloire, ni puissance,
Ne sçauroient détourner le glaive de vengeance

Pendant dessus son chef aux mains de l'Éternel,
De qui l'inévitable et sévère justice
Fait qu'il est à toute heure, en un même supplice,
Tesmoin, juge et bourreau, non moins que criminel.

Non, les fiers aquilons, de leur venteuse haleine,
Ne promènent pas mieux sur le dos d'une plaine
La paille rencontrée au champ du laboureur
Que Dieu le poursuivra sur le front de la terre,
Si jamais son pouvoir, lui déclarant la guerre,
Change sa patience en ardente fureur.

Puis, quand viendra le jour, le jour épouvantable,
Où les peuples, jugés par sa bouche équitable,
Seront de leurs forfaits eux-mêmes desceleurs;
Alors le misérable, envoyé pour pasture
Au feu qui sert là bas aux âmes de torture,
Paira ses courts plaisirs d'éternelles douleurs.

CHANSON.

Les cieux inexorables
Me sont si rigoureux,
Que les plus misérables,
Se comparant à moi, se trouveroient heureux.

Mon lit est de mes larmes
Trempé toutes les nuits,
Et ne peuvent ses charmes,
Lors même que je dors, endormir mes ennuis.

Si je fais quelque songe,
J'en suis épouvanté;
Car même son mensonge
Exprime de mes maux la triste vérité.

Toute paix, toute joie
A pris de moi congé,

Laissant mon âme en proie
A cent mille soucis dont mon cœur est rongé.

L'ingratitude paye
Ma fidèle amitié ;
La calomnie essaye
A rendre mes tourments indignes de pitié.

En un cruel orage
On me laisse périr ;
Et, courant au naufrage,
Je vois chacun me plaindre, et nul me secourir.

Et ce qui rend plus dure
La misère où je vi,
C'est ès maux que j'endure
La mémoire de l'heur que le ciel m'a ravi.

Hélas ! il ne me reste
De mes contentemens
Qu'un souvenir funeste,
Qui me les convertit à toute heure en tourmens

Le sort plein d'injustice
M'ayant enfin rendu
Ce reste un pur supplice,
Je serois plus heureux si j'avois tout perdu.

Félicité passée
Qui ne peux revenir,
Tourment de ma pensée,
Que n'ai-je, en te perdant, perdu le souvenir!

REGNIER.

REGNIER.

SATIRES.

LA VIE DE LA COUR.

Marquis, que dois-je faire en cette incertitude ?
Dois-je, las de courir, me remettre à l'estude,
Lire Homère, Aristote, et, disciple nouveau,
Glaner ce que les Grecs ont de riche et de beau ;
Restes de ces moissons que Ronsard et Desportes
Ont remporté du champ sur leurs espaules fortes ;
Qu'ils ont comme leur propre en leur grange entassé,
Esgallant leurs honneurs aux honneurs du passé ?
Ou si continuant à courtiser mon maistre,
Je me dois jusqu'au bout d'espérance repaistre,
Courtisan morfondu, frénétique et resveur,

Portrait de la disgrâce et de la défaveur ;
Puis, sans avoir du bien, troublé de resverie,
Mourir dessus un coffre en une hostellerie,
En Toscane, en Savoie, ou dans quelque autre lieu,
Sans pouvoir faire paix ou tresve avecque Dieu ?
Sans parler je t'entends : il faut suivre l'orage ;
Aussi bien on ne peut où choisir avantage.
Nous vivons à tastons, et dans ce monde ici
Souvent avecq' travail on poursuit du souci :
Car les dieux, courroucez contre la race humaine,
Ont mis avecq' les biens la sueur et la peine.
Le monde est un brelan où tout est confondu.
Tel pense avoir gaigné, qui souvent a perdu ;
Ainsi qu'en une blanque où par hazard on tire ;
Et qui voudroit choisir souvent prendroit le pire :
Tout despend du destin, qui, sans avoir égard,
Les faveurs et les biens en ce monde despart.

Mais puisqu'il est ainsi que le sort nous emporte,
Qui voudroit se bander contre une loi si forte ?
Suivons doncq' sa conduite en cet aveuglement ;
Qui pèche avecq' le ciel, pèche honorablement ;
Car penser s'affranchir, c'est une resverie :
La liberté par songe en la terre est chérie.
Rien n'est libre en ce monde ; et chaque homme dépend,
Comtes, princes, sultans, de quelque autre plus grand.
Tous les hommes vivants sont ici bas esclaves ;

Mais suivant ce qu'ils sont, ils diffèrent d'entraves ;
Les uns les portent d'or, et les autres de fer :
Mais, n'en desplaise aux vieux, ni leur philosopher,
Ni tant de beaux escrits qu'on lit en leurs escoles
Pour s'affranchir l'esprit, ne sont que des paroles.

Au joug nous sommes nez, et n'a jamais esté
Homme qu'on ait veu vivre en pleine liberté.

En vain me retirant enclos en une estude,
Penserois-je laisser le joug de servitude ;
Estant serf du désir d'apprendre et de sçavoir,
Je ne feroïs sinon que changer de devoir.
C'est l'arrest de nature, et personne en ce monde
Ne sçauroit controler sa sagesse profonde.

Puis, que peut-il servir aux mortels ici bas,
Marquis, d'estre sçavants, ou de ne l'estre pas,
Si la science, pauvre, affreuse et mesprisée,
Sert au peuple de fable, aux plus grands de risée :
Si les gens de latin des sots sont dénigrez,
Et si l'on n'est docteur sans prendre ses degrez ?
Pourveu qu'on soit morgant, qu'on bride sa moustache,
Qu'on frise ses cheveux, qu'on porte un grand panache,
Qu'on parle barragouin, et qu'on suive le vent,
En ce temps d'aujourd'hui l'on n'est que trop sçavant.

Du siècle les mignons, fils de la poulle blanche,
Retiennent à leur gré la fortune en la manche :
En credit eslevez ils disposent de tout,
Et n'entreprennent rien qu'ils n'en viennent à bout :
Mais quoi ! me diras-tu, il t'en faut autant faire ;
Qui ose a peu souvent la fortune contraire :
Importune le Louvre et de jour et de nuict :
Perds pour t'assujettir et la table et le lict :
Sois entrant, effronté ; et sans cesse importune :
En ce temps l'impudence esléve la fortune.

Il est vrai ; mais pourtant je ne suis point d'avis
De desgager mes jours pour les rendre asservis,
Et sous un nouvel astre aller, nouveau pilote,
Conduire en autre mer mon navire qui flotte
Entre l'espoir du bien, et la peur du danger
De froisser mon attente en ce bord estranger.

Car pour dire le vray, c'est un pays estrange,
Où comme un vrai Protée à toute heure on se change,
Où les loix, par respect sages humainement,
Confondent le loyer avecq' le chastiment ;
Et pour un mesme fait, de mesme intelligense,
L'un est justicié, l'autre aura récompence.

Car selon l'intérest, le crédit ou l'appui,
Le crime se condamne et s'absout aujourd'hui.

Je le dis sans confondre, en ces aigres remarques,
La clémence du roi, le miroir des monarques,
Qui, plus grand de vertu, de cœur et de renom,
S'est acquis de clément et la gloire et le nom.

Or, quant à ton conseil qu'à la cour je m'engage,
Je n'en ai pas l'esprit, non plus que le courage.
Il faut trop de sçavoir et de civilité,
Et, si j'ose en parler, trop de subtilité.
Ce n'est pas mon humeur : je suis mélancolique ;
Je ne suis point entrant ; ma façon est rustique ;
Et le surnom de bon me va-t-on reprochant,
D'autant que je n'ai pas l'esprit d'estre meschant.

Et puis, je ne sçaurois me forcer, ni me feindre ;
Trop libre en volonté, je ne me puis contraindre.
Je ne sçaurois flatter, et ne sçai point comment
Il faut se taire accort, ou parler faussement,
Bénir les favoris de geste et de parolles,
Parler de leurs ayeux au jour de Cerizolles,
Des hauts faits de leur race, et comme ils ont acquis
Ce titre avecq' honneur de ducs et de marquis.

Je n'ai point tant d'esprit pour tant de menterie,
Et ne puis m'adonner à la cageollerie....

Il faut estre trop prompt, escrire à tous propos,

22.

Perdre pour un sonnet et sommeil et repos.
Puis ma muse est trop chaste, et j'ai trop de courage,
Je ne puis pour autrui façonner un ouvrage.
Pour moi j'ai de la cour autant comme il m'en faut :
Le vol de mon dessein ne s'estend point si haut :
De peu je suis content ; encore que mon maistre,
S'il lui plaisoit un jour mon travail reconnoistre,
Peut autant qu'autre prince, et a trop de moyen
D'eslever ma fortune et me faire du bien,
Ainsi que sa nature à la vertu facile
Promet que mon labeur ne doit estre inutile,
Et qu'il doit quelque jour, malgré le sort cuisant,
Mon service honorer d'un honneste présent ;
Honneste, et convenable à ma basse fortune,
Qui n'abaye et n'aspire, ainsi que la commune,
Après l'or du Pérou, ni ne tend aux honneurs
Que Rome départit aux vertus des seigneurs.
Que me sert de m'asseoir le premier à la table,
Si la faim d'en avoir me rend insatiable,
Et si le faix léger d'une double évesché,
Me rendant moins content, me rend plus empesché ;
Si la gloire et la charge à la peine adonnée
Rend souz l'ambition mon ame infortunée ?
Et quand la servitude a pris l'homme au colet,
J'estime que le prince est moins que son valet.
C'est pourquoi je ne tends à fortune si grande :
Loin de l'ambition, la raison me commande,

Et ne prétends avoir autre chose, sinon
Qu'un simple bénéfice, et quelque peu de nom,
Afin de pouvoir vivre avec quelque asseurance,
Et de m'oster mon bien que l'on ait conscience.
Alors vraiement heureux, les livres fouilletant,
Je rendrois mon désir et mon esprit content.
Car sans le revenu l'estude nous abuse,
Et le corps ne se paist aux banquets de la muse.
Ses mets sont de sçavoir discourir par raison
Comme l'ame se meut un temps en sa prison;
Et comme délivrée elle monte divine
Au ciel, lieu de son estre et de son origine;
Comme le ciel mobile, éternel en son cours,
Fait les siècles, les ans, et les mois, et les jours;
Comme aux quatre éléments les matières encloses
Donnent, comme la mort, la vie à toutes choses;
Comme premièrement les hommes dispersez
Furent par l'harmonie en troupes amassez;
Et comme la malice, en leur ame glissée,
Troubla de nos ayeux l'innocente pensée;
D'où nasquirent les loix, les bourgs, et les citez,
Pour servir de gourmette à leurs meschancetez;
Comme ils furent enfin réduits souz un empire;
Et beaucoup d'autres plats, qui seroient longs à dire.
Et quand on en sçauroit ce que Platon en sçait,
Marquis, tu n'en serois plus gras, ni plus refait.
Car c'est une viande en esprit consommée,

Légère à l'estomach, ainsi que la fumée.

Sçais-tu, pour sçavoir bien, ce qu'il nous faut sçavoir?
C'est s'affiner le goust, de cognoistre et de voir,
Apprendre dans le monde et lire dans la vie
D'autres secrets plus fins que de philosophie,
Et qu'avecq' la science il faut un bon esprit.

Or entends à ce point ce qu'un Grec en escrit :
Jadis un loup, dit-il, que la faim espoinçonne,
Sortant hors de son fort rencontre une lionne,
Rugissante à l'abord, et qui monstroit aux dents
L'insatiable faim qu'elle avoit au-dedans.
Furieuse elle approche ; et le loup qui l'advise,
D'un langage flatteur lui parle et la courtise :
Car ce fut de tout temps que, ployant sous l'effort,
Le petit cède au grand, et le foible au plus fort.

Lui, dis-je, qui craignoit que, faute d'autre proie,
La beste l'attaquast, ses ruses il emploie,
Mais enfin le hazard si bien le secourut,
Qu'un mulet gros et gras à leurs yeux apparut.
Ils cheminent dispos, croyant la table preste,
Et s'approchent tous deux assez près de la beste.
Le loup qui la cognoist, malin et deffiant,
Lui regardant aux pieds, lui parloit en riant :
D'où es-tu ? qui es-tu ? quelle est ta nourriture,

Ta race, ta maison, ton maistre, ta nature?
Le mulet, étonné de ce nouveau discours,
De peur ingénieux, aux ruses eut recours;
Et, comme les Normands, sans lui respondre, Voire!
Compère, ce dit-il, je n'ai point de mémoire,
Et comme sans esprit ma grand' mère me fit,
Sans m'en dire autre chose, au pied me l'escrivit.

Lors il lève la jambe au jarret ramassée;
Et d'un œil innocent il couvroit sa pensée,
Se tenant suspendu sur les pieds en avant:
Le loup qui l'aperçoit se lève de devant,
S'excusant de ne lire avecq' ceste parolle,
Que les loups de son temps n'alloient point à l'escolle.
Quand la chaude lionne, à qui l'ardente faim
Alloit précipitant la rage et le dessein,
S'approche, plus sçavante, en volonté de lire.
Le mulet prend le temps, et du grand coup qu'il tire,
Lui enfonce la teste, et d'une autre façon,
Qu'elle ne sçavoit point, lui apprit sa leçon.

Alors le loup s'enfuit, voyant la beste morte,
Et de son ignorance ainsi se reconforte:
N'en desplaise aux docteurs, cordeliers, jacobins,
Pardieu, les plus grands clers ne sont pas les plus fins.

LA POÉSIE

TOUJOURS PAUVRE.

—

Motin, la muse est morte, ou la faveur pour elle.
En vain dessus Parnasse Apollon on appelle;
En vain par le veiller on acquiert du sçavoir,
Si fortune s'en mocque; et s'on ne peut avoir
Ni honneur, ni crédit, non plus que si nos peines
Estoient fables du peuple inutiles et vaines.
Or va, romps-toi la teste; et de jour et de nuict
Pallis dessus un livre, à l'appétit d'un bruict
Qui nous honore aprés que nous sommes souz terre,
Et de te voir paré de trois brins de lierre,
Comme s'il importoit, estant ombres là-bas,
Que nostre nom vescust, ou qu'ils ne vescust pas.
Honneur hors de saison, inutile mérite,
Qui vivants nous trahit, et qui morts nous profite;
Sans soin de l'avenir je te laisse le bien,
Qui vient à contre-poil alors qu'on ne sent rien,

Puis que vivant ici de nous on ne fait conte,
Et que nostre vertu engendre nostre honte.

Doncq' par d'autres moyens à la cour familiers,
Par vice, ou par vertu, acquerons des lauriers,
Puis qu'en ce monde ici on n'en fait différence,
Et que souvent par l'un l'autre se récompense.
Apprenons à mentir, mais d'une autre façon
Que ne fait Calliope, ombrageant sa chanson
Du voile d'une fable, afin que son mystère
Ne soit ouvert à vous, ni cognu du vulgaire.

Apprenons à mentir, nos propos desguiser,
A trahir nos amis, nos ennemis baiser;
Faire la cour aux grands, et dans leurs antichambres,
Le chapeau dans la main, nous tenir sur nos membres,
Sans oser ni cracher, ni toussir, ni s'asseoir,
Et, nous couchant au jour, leur donner le bon soir.
Car puis que la fortune aveuglement dispose
De tout, peut estre enfin aurons-nous quelque chose
Qui pourra destourner l'ingrate adversité :
Par un bien incertain à tastons débité,
Comme ces courtisans qui, s'en faisant accroire,
N'ont point d'autre vertu, sinon de dire, Voire.

Or, laissons doncq' la muse, Apollon, et ses vers ;
Laissons le luth, la lyre, et ces outils divers

Dont Apollon nous flatte ; ingrate frénésie,
Puis que pauvre et quaimande on voit la poésie,
Où j'ai par tant de nuicts mon travail occupé.
Mais quoi ! je te pardonne ; et si tu m'as trompé,
La honte en soit au siècle, où, vivant d'âge en âge,
Mon exemple rendra quelque autre esprit plus sage.

Mais pour moi, mon ami, je suis fort mal payé
D'avoir suivi cet art. Si j'eusse estudié
Jeune, laborieux, sur un banc à l'escole,
Galien, Hippocrate, ou Jason, ou Barthole,
Une cornette au col debout dans un parquet,
A tort et à travers je vendrois mon caquet....

Il est vrai que le ciel, qui me regarda naistre,
S'est de mon jugement tousjours rendu le maistre ;
Et bien que, jeune enfant, mon père me tançast,
Et de verges souvent mes chansons menaçast,
Me disant de dépit, et bouffi de colère :
Badin, quitte ces vers ; et que penses tu faire ?
La muse est inutile ; et si ton oncle a sceu
S'avancer par cet art, tu t'y verras deceu.

Un mesme astre toujours n'esclaire en ceste terre :
Mars tout ardent de *** nous menace de guerre,
Tout le monde frémit ; et ces grands mouvements
Couvent en leurs fureurs de piteux changements.

Penses-tu que le luth, et la lire des poëtes
S'accorde d'harmonie avecques les trompettes,
Les fifres, les tambours, le canon, et le fer,
Concert extravagant des musiques d'enfer?
Toute chose a son règne ; et dans quelques années
D'un autre œil nous verrons les fières destinées.

Les plus grands de ton temps, dans le sang aguerris,
Comme en Thrace seront brutalement nourris,
Qui rudes n'aimeront la lyre de la muse,
Non plus qu'une vièle ou qu'une cornemuse.
Laisse donc ce mestier, et sage prens le soin
De t'acquérir un art qui te serve au besoin.

Je ne sçais, mon ami, par quelle prescience,
Il eut de nos destins si claire cognoissance ;
Mais pour moi, je sçai bien que, sans en faire cas,
Je mesprisois son dire, et ne le croyois pas,
Bien que mon bon démon souvent me dist le mesme !
Mais quand la passion en nous est si extresme,
Les advertissements n'ont ni force, ni lieu,
Et l'homme croit à peine aux parolles d'un Dieu.

Ainsi me tançoit-il d'une parolle esmeue.
Mais comme en se tournant je le perdois de veue,
Je perdis la mémoire avecques ses discours,
Et resveur m'égarai tout seul par les destours

Des antres et des bois, affreux et solitaires,
Où la muse, en dormant, m'enseignoit ses mystères,
M'apprenoit des secrets, et, m'eschauffant le sein,
De gloire et de renom relevoit mon dessein.
Inutile science, ingrate et mesprisée,
Qui sert de fable au peuple, et aux grands de risée !

Encor' seroit-ce peu, si, sans estre avancé,
L'on avoit en cet art son âge despensé ;
Après un vain honneur que le temps nous refuse,
Et si moins que néant l'on n'estimoit la muse.
Eusses-tu plus de feu, plus de soin, et plus d'art
Que Jodelle n'eut oncq', Desportes, ni Ronsard,
L'on te fera la moue, et pour fruict de ta peine :
Ce n'est, ce dira-t-on, qu'un poète à la douzaine.

Car on n'a plus le goust comme on l'eut autrefois.
Apollon est gesné par de sauvages lois
Qui retiennent souz l'art sa nature offusquée,
Et de mainte figure est sa beauté masquée.
Si pour savoir former quatre vers empoullez,
Faire tonner des mots mal joints et mal collez,
Ami, l'on estoit poète, on verroit (cas estranges !)
Les poètes plus espais que mouches en vandanges.

Or que dès ta jeunesse Apollon t'ait appris,
Que Calliope mesme ait tracé tes escrits,

Que le neveu d'Atlas les ait mis sur la lyre,
Qu'en l'antre Thespéan on ait daigné les lire,
Qu'ils tiennent du sçavoir de l'antique leçon,
Et qu'ils soient imprimez des mains de Patisson ;
Si quelqu'un les regarde, et ne leur sert d'obstacle,
Estime, mon ami, que c'est un grand miracle.

L'on a beau faire bien, et semer ses escrits
De civette, bainjoin, de musc, et d'ambre gris ;
Qu'ils soient pleins, relevez, et graves à l'oreille ;
Qu'ils facent sourciller les doctes de merveille :
Ne pense, pour cela, estre estimé moins fol,
Et sans argent comptant qu'on te preste un licol,
Ny qu'on n'estime plus (humeur extravagante !)
Un gros asne pourveu de mille escus de rente.

Encore quelques grands, afin de faire voir,
De Mécène rivaux, qu'ils aiment le sçavoir,
Nous voyent de bon œil, et tenant une gaule,
Ainsi qu'à leurs chevaux nous en flattent l'espaule,
Avecques bonne mine, et d'un langage doux
Nous disent souriant : Eh bien, que faictes-vous ?
Avez-vous point sur vous quelque chanson nouvelle ?
J'en vis ces jours passez de vous une si belle,
Que c'est pour en mourir : ha ! ma foi, je vois bien
Que vous ne m'aimez plus, vous ne me donnez rien.

Mais on lit à leurs yeux, et dans leur contenance,
Que la bouche ne parle ainsi que l'âme pense ;
Et que c'est, mon ami, un grimoire et des mots
Dont tous les courtisans endorment les plus sots.

Mais je ne m'apperçois que, tranchant du preud'homme,
Mon temps en cent caquets sottement je consomme;
Que mal instruit je porte en Brouage du sel,
Et mes coquilles vendre à ceux de Sainct-Michel.

Doncques, sans mettre enchère aux sottises du monde
Ni gloser les humeurs de dame Frédegonde,
Je dirai librement, pour finir en deux mots,
Que la plus part des gens sont habillez en sots.

LE GOUT PARTICULIER

DÉCIDE DE TOUT.

Bertaut, c'est un grand cas, quoi que l'on puisse faire,
Il n'est moyen qu'un homme à chasqu'un puisse plaire,
Et fust-il plus parfaict que la perfection,
L'homme voit par les yeux de son affection.
Chasqu'un fait à son sens, dont sa raison s'escrime;
Et tel blasme en autrui ce de quoi je l'estime.
Tout, suivant l'intellect, change d'ordre et de rang
Les Mores aujourd'hui peignent le diable blanc.
Le sel est doux aux uns, le sucre amer aux autres;
L'on reprend tes humeurs, ainsi qu'on fait les nostres :
Les critiques du temps m'appellent desbauché,
Que je suis jour et nuict aux plaisirs attaché,
Que j'y perds mon esprit, mon ame et ma jeunesse.
Les autres, au rebours, accusent ta sagesse,
Et ce hautain desir qui te fait mespriser
Plaisirs, trésors, grandeurs, pour t'immortaliser;

Et disent : O chétifs, qui, mourant sur un livre,
Pensez, seconds phénix, en vos cendres revivre,
Que vous estes trompez en vostre propre erreur !
Car, et vous, et vos vers, vivez par procureur.
Un livret tout moisi vit pour nous ; et encore,
Comme la mort vous fait, la taigne le dévore.
Ingrate vanité, dont l'homme se repaist,
Qui bâille après un bien qui sottement lui plaist !

Ainsi les actions aux langues sont sujettes.
Mais ces divers rapports sont de faibles sagettes,
Qui blessent seulement ceux qui sont mal armez ;
Non pas les bons esprits, à vaincre accoustumez,
Qui sçavent, avisez, avecques différence,
Séparer le vray bien du fard de l'apparence.
C'est un mal bien estrange au cerveau des humains,
Qui, suivant ce qu'ils sont malades ou plus sains,
Digèrent leur viande ; et selon leur nature,
Ils prennent ou mauvaise ou bonne nourriture.

Ce qui plaist à l'œil sain offense un chassieux ;
L'eau se jaunit en bile au corps d'un bilieux ;
Le sang d'un hydropique en pituite se change,
Et l'estomach gasté pourrit tout ce qu'il mange.
De la douce liqueur rosoyante du ciel,
L'une en fait le venin, et l'autre en fait le miel,
Ainsi c'est la nature et l'humeur des personnes,

Et non la qualité, qui rend les choses bonnes.

Or, sans me tourmenter des divers appétits,
Quels ils sont aux plus grands, et quels aux plus petits,
Je te veux discourir comme je trouve estrange
Le chemin d'où nous vient le blasme et la louange,
Et comme j'ai l'esprit de chimères brouillé
Voyant qu'un More noir m'appelle barbouillé,
Que les yeux de travers s'offencent que je lorgne,
Et que les Quinze-vingts disent que je suis borgne.

Mon oncle m'a conté que, monstrant à Ronsard
Tes vers estincelants et de lumière et d'art,
Il ne sceut que reprendre en ton apprentissage,
Sinon qu'il te jugeoit pour un poète trop sage.

Et ores au contraire on m'objecte à péché
Les humeurs qu'en ta muse il eust bien recherché.
Aussi je m'esmerveille, au feu que tu recelles,
Qu'un esprit si rassis ait des fougues si belles :
Car je tiens, comme lui, que le chaud élément
Qui donne ceste pointe au vif entendement,
Dont la verve s'eschauffe, et s'enflamme de sorte
Que ce feu dans le ciel sur les aisles l'emporte,
Soit le mesme qui rend le poète ardent et chaud,
Subject à ses plaisirs, de courage si haut,
Qu'il mesprise le peuple et les choses communes,

Et, bravant les faveurs, se mocque des fortunes;
Qui le fait, desbauché, frénétique, resvant,
Porter la teste basse, et l'esprit dans le vent;
Esgayer sa fureur parmi des précipices,
Et plus qu'à la raison sujet à ses caprices.

Faut-il doncq' à présent s'étonner si je suis
Enclin à des humeurs qu'esviter je ne puis,
Où mon tempérament malgré moi me transporte,
Et rend la raison foible où la nature est forte ?
Mais que ce mal me dure il est bien mal aisé.
L'homme ne se plaist pas d'estre toujours fraisé.
Chaque asge a ses façons ; et change de nature,
De sept ans en sept ans, nostre température :
Selon que le soleil se loge en ses maisons,
Se tournent nos humeurs, ainsi que nos saisons,
Toute chose en vivant avec l'âsge s'altère.
Le desbauché se rit des sermons de son père :
Et dans vingt et cinq ans venant à se changer,
Retenu, vigilant, soigneux et ménager,
De ces mêmes discours ses fils il admoneste,
Qui ne font que s'en rire et qu'en hocher la teste.
Chaque asge a ses humeurs, son goust et ses plaisirs,
Et, comme nostre poil, blanchissent nos désirs.

Nature ne peut pas l'asge en l'asge confondre :
L'enfant qui sait desjà demander et respondre,

Qui marque assurément la terre de ses pas,
Avecques ses pareils se plaist en ses esbats :
Il fuit, il vient, il parle, il pleure, il saute d'aise,
Sans raison d'heure en heure il s'esmeut et s'apaise.

Croissant l'asge en avant, sans soin de gouverneur,
Relevé, courageux, et cupide d'honneur,
Il se plaist aux chevaux, aux chiens, à la campagne ;
Facile au vice, il hait les vieux et les desdagne :
Rude à qui le reprend, paresseux à son bien,
Prodigue, despensier, il ne conserve rien ;
Hautain, audacieux, conseiller de soi-mesme,
Et d'un cœur obstiné se heurte à ce qu'il aime.

L'asge au soin se tournant, homme fait, il acquiert
Des biens et des amis, si le temps le requiert ;
Il masque ses discours comme sur un théâtre ;
Subtil, ambitieux, l'honneur il idolâtre :
Son esprit avisé prévient le repentir,
Et se garde d'un lieu difficile à sortir.

Maints fascheux accidents surprennent sa vieillesse
Soit qu'avecq' du souci gaignant de la richesse :
Il s'en deffend l'usage, et craint de s'en servir,
Que tant plus il en a, moins s'en peut assouvir :
Ou soit qu'avecq' froidour il face toute chose,
Imbécille, douteux, qui voudroit et qui n'ose,

Dilayant, qui tousjours a l'œil sur l'avenir ;
De léger il n'espère, et croit au souvenir ;
Il parle de son temps, difficile et sévère,
Censurant la jeunesse, use des droicts de père,
Il corrige ; il reprend, hargneux en ses façons,
Et veut que tous ses mots soient autant de leçons.
Voilà doncq', de par Dieu, comme tourne la vie,
Ainsi diversement aux humeurs asservie,
Que chasque asge despart à chaque homme en vivant
De son tempérament la qualité suivant.
Et moi qui, jeune encor, en mes plaisirs m'esgaie,
Il faudra que je change ; et, malgré que j'en aie,
Plus soigneux devenu, plus froid et plus rassis,
Que mes jeunes pensers cèdent aux vieux soucis ;
Que j'en paie l'escot, rempli jusqu'à la gorge,
Et que j'en rende un jour les armes à saint George...

Pères des siècles vieux, exemples de la vie,
Dignes d'estre admirez d'une honorable envie,
(Si quelque beau désir vivoit encor en nous),
Nous voyant de là haut, pères, qu'en dites-vous ?

Jadis, de vostre temps, la vertu simple et pure,
Sans fard, sans fiction, imitoit sa nature,
Austère en ses façons, sévère en ses propos,
Qui dans un labeur juste esgayoit son repos ;
D'hommes vous faisant dieux, vous paissoit d'ambroisie,

Et donnoit place au ciel à vostre fantasie.
La lampe de son front partout vous esclairoit,
Et de toutes frayeurs vos esprits asseuroit ;
Et, sans penser aux biens où le vulgaire pense,
Elle estoit vostre prix et vostre récompense :
Où la nostre aujourd'hui qu'on révère ici bas,
Va la nuict dans le bal, et danse les cinq pas,
Monte un cheval de bois, fait dessus des pommades ;
Talonne le genet et le dresse aux passades ;
Chante des airs nouveaux, invente des balets,
Sçait escrire et porter les vers et les poulets ;
A l'œil tousjours au guet pour des tours de souplesse ;
Glose sur les habits et sur la gentillesse ;
Se plaist à l'entretien, commente les bons mots,
Et met à mesme prix les sages et les sots.

Et ce qui plus encor m'empoisonne de rage,
Est quand un charlatan relève son langage,
Et, de coquin, faisant le prince revestu,
Bastit un paranymphe à sa belle vertu ;
Et qu'il n'est crocheteur, ni courtaut de boutique,
Qui n'estime à vertu l'art où sa main s'applique ;
Et qui, paraphrasant sa gloire et son renom,
Entre les vertueux ne veuille avoir du nom.

Voilà comme à présent chacun l'adultérise,
Et forme une vertu comme il plaist à sa guise.

Elle est comme au marché dans les impressions :
Et, s'adjugeant aux taux de nos affections,
Fait que par le caprice, et non par le mérite,
Le blasme et la louange au hazard se débite ;
Et peut un jeune sot, suivant ce qu'il conçoit,
Ou ce que par ses yeux son esprit en reçoit,
Donner son jugement, en dire ce qu'il pense,
Et mettre sans respect nostre honneur en balance.
Mais puisque c'est le temps, mesprisant les rumeurs
Du peuple, laissons là le monde en ses humeurs ;
Et si selon son goust un chacun en peut dire,
Mon goust sera, Bertaut, de n'en faire que rire.

L'IMPORTUN,

OU LE FASCHEUX.

Charles, de mes péchez j'ai bien fait pénitence.
Or toi, qui te cognois aux cas de conscience,
Juge si j'ai raison de penser estre absous.
J'oyois un de ces jours la messe à deux genoux,
Faisant mainte oraison, l'œil au ciel, les mains jointes,
Le cœur ouvert aux pleurs, et tout percé de pointes,
Qu'un dévot repentir eslançoit dedans moi,
Tremblant des peurs d'enfer, et tout bruslant de foi ;
Quand un jeune frisé, relevé de moustache,
De galoche, de botte, et d'un ample panache,
Me vint prendre, et me dit, pensant dire un bon mot :
Pour un poëte du temps, vous estes trop dévot.
Moi, civil; je me lève, et le bon jour lui donne.
(Qu'heureux est le folastre, à la teste grisonne,
Qui brusquement eust dit, avecq' une sangbleu :
Oui bien pour vous, monsieur, qui ne croyez en Dieu!)

Sotte discrétion! je voulus faire accroire
Qu'un poëte n'est bizarre et fascheux qu'après boire.
Je baisse un peu la teste, et, tout modestement,
Je lui fis à la mode un petit compliment.
Lui, comme bien appris, le mesme me sçeut rendre,
Et ceste courtoisie à si haut prix me vendre,
Que j'aimerois bien mieux, chargé d'âge et d'ennuis,
Me voir à Rome pauvre entre les mains des juifs.

Après tous ces propos, qu'on se dit d'arrivée,
D'un fardeau si pesant ayant l'âme grevée,
Je chauvis de l'oreille, et, demeurant pensif,
L'eschine j'alongeois comme un asne rétif,
Minutant me sauver de ceste tirannie,
Il le juge à respect. O! sans cérémonie,
Je vous suppli, dit-il, vivons en compagnons.
Ayant, ainsi qu'un pot, les mains sur les roignons,
Il me pousse en avant, me présente la porte,
Et, sans respect des saincts, hors l'église il me porte
Aussi froid qu'un jaloux qui voit son corrival.
Sortis, il me demande: Estes-vous à cheval?
Avez-vous point ici quelqu'un de vostre troupe?
Je suis tout seul, à pied. Lui, de m'offrir la croupe.
Moi, pour m'en dépestrer, lui dire tout exprès:
Je vous baise les mains; je m'en vais ici près
Chez mon oncle disner.—O Dieu! le galand homme.
J'en suis. Et moi pour lors, comme un bœuf qu'on assomme

Je laisse cheoir la teste ; et bien peu s'en fallut,
Remettant par dépit en la mort mon salut,
Que je n'allasse lors la teste la première,
Me jetter du Pont-Neuf à bas en la rivière.

Insensible, il me traisne en la cour du palais,
Ou trouvant par hasard quelqu'un de ses valets,
Il l'appelle, et lui dit : Holà ! hau ! Ladreville,
Qu'on ne m'attende point, je vais disner en ville.

Dieu sçait si ce propos me traversa l'esprit !
Encor n'est-ce pas tout : il tire un long escrit,
Que voyant je frémis. Lors, sans cagcollerie :
Monsieur, je ne m'entends à la chicannerie,
Ce lui di-je, feignant l'avoir veu de travers.
Aussi n'en est-ce pas ; ce sont de meschants vers,
(Je cogneu qu'il estoit véritable à son dire.)
Que, pour tuer le temps, je m'efforce d'escrire ;
Et pour un courtisan, quand vient l'occasion,
Je monstre que j'en sçais pour ma provision.
Il lit ; et se tournant brusquement par la place,
Les banquiers estonnez admiroient sa grimace,
Et monstroient en riant qu'ils ne lui eussent pas
Presté sur son minois quatre doubles ducats
(Que j'eusse bien donnés pour sortir de sa patte).
Je l'escoute ; et durant que l'oreille il me flatte,
(Le bon Dieu sait comment), à chaque fin de vers

Tout exprès je disois quelque mot de travers.
Il poursuit, nonobstant, d'une fureur plus grande,
Et ne cessa jamais qu'il n'eust fait sa légende.

Me voyant froidement ses œuvres advouer,
Il les serre, et se met lui-mesme à se louer :
Doncq', pour un cavalier, n'est-ce pas quelque chose?
Mais, monsieur, n'avez-vous jamais vu de ma prose?
Moi de dire que si, tant je craignois qu'il eust
Quelque procez-verbal qu'entendre il me fallust.
Encore, dites-moi, en vostre conscience,
Pour un qui n'a du-tout acquis nulle science,
Ceci n'est-il pas rare? Il est vrai, sur ma foi,
Lui dis-je sousriant. Lors, se tournant vers moi,
M'accolle à tour de bras, et, tout pétillant d'aise,
Doux comme une épousée, à la joue il me baise ;
Puis, me flattant l'espaule, il me fit librement
L'honneur que d'approuver mon petit jugement.
Après ceste caresse il rentre de plus belle :
Tantost il parle à l'un, tantost l'autre l'appelle....

Il vint à reparler dessus le bruict qui court,
De la roine, du roi, des princes, de la cour;
Que Paris est bien grand; que le Pont-Neuf s'achève;
Si plus en paix qu'en guerre un empire s'eslève.
Il vint à définir que c'estoit qu'amitié,
Et tant d'autres vertus, que c'en estoit pitié.

Mais il ne définit; tant il estoit novice,
Que l'indiscrétion est un si faschéux vice,
Qu'il vaut bien mieux mourir de rage ou de regret,
Que de vivre à la gesne avecq' un indiscret.

Tandis que ces discours me donnoient la torture,
Je sonde tous moyens pour voir si d'aventure
Quelque bon accident eust pu m'en retirer,
Et m'empescher enfin de me désespérer.

Voyant un président, je lui parle d'affaire ;
S'il avoit des procez, qu'il estoit nécessaire
D'estre toujours après ces messieurs bonneter ;
Qu'il ne laissast pour moi de les solliciter ;
Quant à lui qu'il estoit homme d'intelligence,
Qui sçavoit comme on perd son bien par négligence ;
Où marche l'intérest qu'il faut ouvrir les yeux.
Ha! non, monsieur, dit-il, j'aimerois beaucoup mieux
Perdre tout ce que j'ai que votre compagnie ;
Et se mist aussi-tost sur la cérémonie.

Moi, qui n'aime à debattre en ces fadaises-là,
Un temps sans lui parler ma langue vacila.
Enfin je me remets sur les cajeolleries,
Lui dis (comme le roi estoit aux Tuilleries)
Ce qu'au Louvre on disoit qu'il feroit ce jourd'hui ;
Qu'il devroit se tenir tousjours auprès de lui.

24.

Dieu sçait combien alors il me dit de sottises,
Parlant de ses hauts faits et de ses vaillantises ;
Qu'il avoit tant servi, tant fait la faction,
Et n'avoit cependant aucune pension :
Mais qu'il se consoloit, en ce qu'au moins l'histoire,
Comme on fait son travail, ne desroboit sa gloire ;
Et s'y mit si avant, que je creu que mes jours
Devoient plus tost finir que non pas son discours.

Mais comme Dieu voulut, après tant de demeures,
L'horloge du palais vint à frapper onze heures ;
Et lui, qui pour la soupe avoit l'esprit subtil,
A quelle heure monsieur vostre oncle disne-t-il?
Alors peu s'en fallut, sans plus long-temps attendre,
Que de rage au gibet je ne m'allasse pendre.
Encor' l'eussé-je fait, estant desespéré ;
Mais je crois que le ciel, contre moi conjuré,
Voulut que s'accomplist ceste aventure mienne
Que me dist, jeune enfant, une Bohemienne :
Ni la peste, la faim, le scorbut ni la tous,
La fièvre, les venins, les larrons, ni les lous,
Ne tueront celui-ci ; mais l'importun langage
D'un fascheux : qu'il s'en garde, estant grand, s'il est sage.

Comme il continuoit ceste vieille chanson,
Voici venir quelqu'un d'assez pauvre façon.
Il se porte au devant, lui parle, le cajeole ;

Mais cet autre, à la fin se monta de parole:
Monsieur, c'est trop long-temps...Tout ce que vous voud...
Voici l'arrest signé... Non, monsieur, vous viendrez....
Quand vous serez dedans, vous serez à partie...
Et moi, qui cependant n'estois de la partie,
J'esquive doucement et m'en vais à grands pas,
La queue en loup qui fuit, et les yeux contre-bas,
Le cœur sautant de joie, et triste d'apparence.
Depuis aux bons agens j'ai porté révérence,
Comme à des gens d'honneur, par qui le ciel voulut
Que je receusse un jour le bien de mon salut.

Mais, craignant d'encourir vers toi le mesme vice
Que je blasme en autrui, je suis en ton service;
Et pri Dieu qu'il nous garde en ce bas monde ici,
De faim, d'un importun: de froid et de souci.

LE CRITIQUE OUTRÉ.

Rapin, le favori d'Apollon et des Muses,
Pendant qu'en leur mestier jour et nuict tu t'amuses,
Et que d'un vers nombreux, non encore chanté,
Tu te fais un chemin à l'immortalité,
Moi, qui n'ai ni l'esprit ni l'haleine assez forte
Pour te suivre de près et te servir d'escorte,
Je me contenterai, sans me précipiter,
D'admirer ton labeur, ne pouvant l'imiter;
Et pour me satisfaire au désir qui me reste
De rendre cet hommage à chacun manifeste,
Par ces vers j'en prends l'acte, afin que l'advenir
De moi par ta vertu se puisse souvenir;
Et que ceste mémoire à jamais s'entretienne.
Que ma muse imparfaite eut en honneur la tienne;
Et que si j'eus l'esprit d'ignorance abbattu,
Je l'eus au moins si bon, que j'aimai ta vertu :
Contraire à ces resveurs dont la muse insolente,
Censurant les plus vieux, arrogamment se vante
De reformer les vers, non les tiens seulement,

Mais veulent déterrer les Grecs du monument,
Les Latins, les Hébreux, et toute l'antiquaille,
Et leur dire à leur nez qu'ils n'ont rien fait qui vaille.
Ronsard en son mestier n'estoit qu'un apprentif,
Il avoit le cerveau fantastique et rétif :
Desportes n'est pas net ; Dubellay trop facile ;
Belleau ne parle pas comme on parle à la ville ;
Il a des mots hargneux, bouffis et relevez,
Qui du peuple aujourd'hui ne sont pas approuvez.

Comment! il nous faut donq', pour faire une œuvre grande
Qui de la calomnie et du temps se deffende,
Qui trouve quelque place entre les bons autheurs,
Parler comme à sainct Jean parlent les crocheteurs!

Encore je le veux, pourveu qu'ils puissent faire
Que ce beau sçavoir entre en l'esprit du vulgaire,
Et quand les crocheteurs seront poëtes fameux,
Alors, sans me fascher, je parlerai comme eux.

Pensent-ils, des plus vieux offençant la mémoire,
Par les mespris d'autrui s'acquérir de la gloire,
Et, pour quelque vieux mot, estrange, ou de travers,
Prouver qu'ils ont raison de censurer leurs vers?
(Alors qu'une œuvre brille et d'art et de science,
La verve quelquefois s'esgaie en la licence.)

Il semble, en leurs discours hautains et généreux,
Que le cheval volant ne soit fait que pour eux;
Que Phœbus à leur ton accorde sa vielle;
Que la mouche du Grec leurs lèvres emmielle;
Qu'ils ont seuls ici-bas trouvé la pie au nit,
Et que des hauts esprits le leur est le zénit;
Que seuls des grands secrets ils ont la cognoissance;
Et disent librement que leur expérience
A rafiné les vers, fantastiques d'humeur,
Ainsi que les Gascons ont fait le point-d'honneur;
Qu'eux tout seuls du bien dire ont trouvé la méthode,
Et que rien n'est parfaict s'il n'est fait à la mode.

Cependant leur sçavoir ne s'estend seulement
Qu'à regratter un mot douteux au jugement,
Prendre garde qu'un *qui* ne heurte une diphtongue;
Espier si des vers la rime est brève ou longue,
Ou bien si la voyelle à l'autre s'unissant
Ne rend point à l'oreille un vers trop languissant:
Et laissent sur le verd le noble de l'ouvrage.
Nul aiguillon divin n'eslève leur courage;
Ils rampent bassement, foibles d'inventions,
Et n'osent, peu hardis, tenter les fictions,
Froids à l'imaginer : car, s'ils font quelque chose,
C'est proser de la rime et rimer de la prose,
Que l'art lime et relime, et polit de façon
Qu'elle rend à l'oreille un agréable son;

Et voyant qu'un beau feu leur cervelle n'embrase,
Ils attifent leurs mots, enjolivent leur phrase,
Affectent leur discours tout si relevé d'art,
Et peignent leurs défauts de couleurs et de fard.
Aussi je les compare à ces femmes jolies
Qui par les affiquets se rendent embellies,
Qui, gentes en habits, et fades en façons,
Parmi leur point coupé tendent leurs hameçons ;
Dont l'œil rit mollement avec affeterie,
Et de qui le parler n'est rien que flatterie ;
De rubans piolez s'agencent proprement,
Et toute leur beauté ne gist qu'en l'ornement ;
Leur visage reluit de ceruse et de pautre ;
Propres en leur coiffure un poil ne passe l'autre.

Mais les divins esprits, hautains et relevez,
Qui des eaux d'Hélicon ont les sens abreuvez ;
Ne sont tels : de chaleur leur ouvrage étincelle,
De leurs vers tout divins la grâce est naturelle :
Et c'est, comme on le voit, la parfaicte beauté,
Qui, contente de soi, laisse la nouveauté
Que l'art trouve au palais ou dans le blanc-d'Espagne :
Rien que le naturel sa grâce n'accompagne ;
Son front, lavé d'eau claire, esclate d'un beau teint,
De roses et de lys la nature l'a peint ;
Et laissant là Mercure et toutes ses malices,
Les nonchalances sont ses plus grands artifices.

Or, Rapin, quant à moi, je n'ai point tant d'esprit.
Je vais le grand chemin que mon oncle m'apprit,
Laissant là ces docteurs que les muses instruisent
En des arts tout nouveaux : et, s'ils font, comme ils disent
De ses fautes un livre aussi gros que le sien,
Telles je les croirai quand ils auront du bien,
Et que leur belle muse, à mordre si cuisante,
Leur don'ra, comme à lui, dix mille escus de rente,
De l'honneur, de l'estime, et quand par l'univers
Sur le lut de David on chantera leurs vers.

O débile raison ! où est ores ta bride ?
Où ce flambeau qui sert aux personnes de guide ?
Contre la passion trop foible est ton secours,
Et souvent, courtisane, après elle tu cours ;
Et, savourant l'appât que ton âme ensorcelle,
Tu ne vis qu'à son goust, et ne vis que par elle.
De là vient qu'un chascun, mesmes en son deffaut,
Pense avoir de l'esprit plus qu'il ne lui en faut.
Aussi rien n'est parti si bien par la nature
Que le sens ; car chacun en a sa fourniture.
Mais pour nous, moins hardis à croire à nos raisons,
Qui réglons nos esprits par les comparaisons
D'une chose avecq' l'autre, espluchons de la vie
L'action qui doit estre ou blasmée ou suivie ;
Qui criblons le discours, au choix se variant ;
D'avecq' la fausseté la vérité triant;

(Tant que l'homme le peut); qui formons nos ouvrages
Aux moules si parfaicts de ces grands personnages
Qui, depuis deux mille ans, ont acquis le crédit
Qu'en vers rien n'est parfaict que ce qu'ils en ont dit;
Devons-nous aujourd'hui, pour une erreur nouvelle
Que ces clercs dévoyés forment en leur cervelle,
Laisser légèrement la vieille opinion,
Et, suivant leur avis, croire à leur passion.

Pour moi, les huguenots pourroient faire miracles,
Ressusciter les morts, rendre de vrais oracles,
Que je ne pourrois pas croire à leur vérité.
En toute opinion je fuis la nouveauté.
Aussi doit-on plustost imiter nos vieux pères,
Que suivre des nouveaux les nouvelles chimères.
De mesme, en l'art divin de la Muse, doit-on
Moins croire à leur esprit qu'à l'esprit de Platon.

Mais, Rapin, à leur goust si les ieux sont profanes,
Si Virgile, le Tasse et Ronsard ont es asnes,
Sans perdre en ces discours le temps que nous perdons,
Allons comme eux aux champs, et mangeons des chardons.

LA FOLIE EST GÉNÉRALE.

J'ai pris cent et cent fois la lanterne en la main,
Cherchant en plein midi, parmi le genre humain,
Un homme qui fust homme et de faict et de mine,
Et qui pust des vertus passer par l'estamine.
Il n'est coin et recoin que je n'aye tenté,
Depuis que la nature ici-bas m'a planté ;
Mais tant plus je me lime, et plus je me rabote,
Je crois qu'à mon advis tout le monde radote ;
Qu'il a la teste vuide et sans dessus dessous,
Ou qu'il faut qu'au rebours je sois l'un des plus fous ;
C'est de nostre folie un plaisant stratagesme,
Se flattant, de juger les autres par soi-mesme.

Ceux qui, pour voyager, s'embarquent dessus l'eau
Voyent aller la terre, et non pas leur vaiseau.
Peut-estre, ainsi trompé, que faussement je juge.
Toutesfois si les fous ont leur sens pour refuge,
Je ne suis pas tenu de croire aux yeux d'autruy :
Puis j'en sçay pour le moins autant ou plus que lui.

Voilà fort bien parlé, si l'on me vouloit croire.
Sotte présomption, vous m'enivrez sans boire !
Mais après, en cherchant, avoir autant couru
Qu'aux advens de Noël fait le moine bourru,
Pour retrouver un homme envers qui la satire,
Sans flatter, ne trouvast que mordre et que redire,
Qui sçust d'un choix prudent toute chose esplucher,
Ma foi, si ce n'est vous, je n'en veux plus chercher.
Or ce n'est point pour estre eslevé de fortune :
Aux sages comme aux fous c'est chose assez commune ;
Elle avance un chacun sans raison et sans choix ;
Les fous sont aux eschets les plus proches des rois.

Aussi mon jugement sur cela ne se fonde ;
Au compas des grandeurs je ne juge le monde :
L'esclat de ces grandeurs ne m'esblouit les yeux.
Pour estre dans le ciel je n'estime les dieux,
Mais pour s'y maintenir, et gouverner de sorte
Que ce tout en devoir réglément se comporte,
Et que leur providence également conduit
Tout ce que le soleil en la terre produit.

Des hommes, tout ainsi, je ne puis recognoistre
Les grands, mais bien ceux-là qui méritent de l'estre,
Et de qui le mérite, indomtable en vertu,
Force les accidens, et n'est point abattu.
Non plus que des farceurs je n'en puis faire conte,

Ainsi que l'un descend, on voit que l'autre monte,
Selon ou plus ou moins que dure le rolet;
Et l'habit fait, sans plus, le maistre ou le valet.
De mesme est de ces gens dont la grandeur se joue :
Aujourd'hui gros, enflez, sur le haut de la roue,
Ils font un personnage ; et demain renversez,
Chacun les met au rang des pechez effacez.
La faveur est bizarre, à traiter indocile,
Sans arrest, inconstante, et d'humeur difficile ;
Avecq' discrétion il la faut caresser :
L'un la perd bien souvent pour la trop embrasser,
Ou pour s'y fier trop ; l'autre, par insolence,
Ou pour avoir trop peu ou trop de violence,
Ou pour se la promettre ou se la dénier :
Enfin c'est un caprice estrange à manier.
Son amour est fragile et se rompt comme un verre,
Et fait aux plus matois donner du nez en terre.

Pour moi je n'ai point veu, parmi tant d'avancez,
Soit de ces temps-ici, soit des siècles passez,
Homme que la fortune ait tasché d'introduire,
Qui durant le bon vent ait sceu se bien conduire.
Or d'estre cinquante ans aux honneurs eslevé,
Des grands et des petits dignement approuvé,
Et de sa vertu propre aux malheurs faire obstacle ;
Je n'ai point veu de sots avoir fait ce miracle.
Aussi, pour discerner le bien d'avecq' le mal,

Voir tout, cognoistre tout, d'un œil tousjours égal,
Manier dextrement les desseins de nos princes,
Respondre à tant de gens de diverses provinces,
Estre des estrangers pour oracle tenu,
Prévoir tout accident avant qu'estre advenu,
Destourner par prudence une mauvaise affaire,
Ce n'est pas chose aisée, ou trop facile à faire.
Voilà comme on conserve avecques jugement
Ce qu'un autre dissipe et perd imprudemment.
Quand on se brusle au feu que soi-mesme on attise,
Ce n'est point accident, mais c'est une sottise.
Nous sommes du bonheur de nous mesme artisans,
Et fabriquons nos jours ou fascheux, ou plaisans.
La fortune est à nous, et n'est mauvaise ou bonne,
Que selon qu'on la forme, ou bien qu'on se la donne.

A ce point le malheur, ami comme ennemi,
Trouvant au bord d'un puits un enfant endormi,
En risque d'y tomber, à son aide s'avance,
En lui parlant ainsi le resveille et le tance:
Sus, badin, levez-vous; si vous tombiez dedans,
De douleur vos parens, comme vous imprudens,
Croyant en leur esprit que de tout je dispose,
Diroient en me blasmant que j'en serois la cause.

Ainsi nous séduisant d'une fausse couleur,
Souvent nous imputons nos fautes au malheur,

Qui n'en peut mais ; mais quoi ! l'on le prend à partie.
Et chacun de son tort cherche la garantie ;
Et nous pensons bien fins, soit véritable ou faux,
Quand nous pouvons couvrir d'excuses nos deffauts.
Mais ainsi qu'aux petits, aux plus grands personnages,
Sondez tout jusqu'au fond : les fous ne sont pas sages.

Or c'est un grand chemin jadis assez frayé,
Qui des rimeurs françois ne fut oncq' essayé :
Suivant les pas d'Horace entrant en la carrière,
Je trouve des humeurs de diverse manière,
Qui me pourroient donner subject de me mocquer :
Mais qu'est-il de besoin de les aller choquer ?
Chacun, ainsi que moi, sa raison fortifie,
Et se forme à son goust une philosophie :
Ils ont droit en leur cause ; et de la contester,
Je ne suis chicaneur, et n'aime disputer.

Gallet a sa raison ; et qui croira son dire,
Le hazard pour le moins lui promet un empire :
Toutesfois au contraire estant léger et net,
N'ayant que l'espérance et trois dez au cornet,
Comme sur un bon fonds de rente et de recettes,
Dessus sept ou quatorze, il assigne ses dettes,
Et trouve sur cela qui lui fournit de quoi.
Ils ont une raison qui n'est raison pour moi ;
Que je ne puis comprendre, et qui bien l'examine,

Est-ce vice ou vertu qui leur fureur domine !
L'un, alléché d'espoir de gagner vingt pour cent,
Ferme l'œil à sa perte, et librement consent
Que l'autre le despouille, et ses meubles engage,
Mesme, s'il est besoin, baille son héritage.

Or le plus sot d'entr'eux je m'en rapporte à lui,
Pour l'un il perd son bien, l'autre celui d'autrui.
Pourtant c'est un trafic qui suit tousjours sa route,
Où bien moins qu'à la place on a fait banqueroute,
Et qui, dans le brelan se maintient bravement,
N'en desplaise aux arrests de nostre parlement.

Pensez-vous, sans avoir ses raisons toutes prestes,
Que le sieur de Provins persiste en ses requestes.
Et qu'il ait, sans espoir d'estre mieux à la court,
A son long balandran changé son manteau court,
Bien que, depuis vingt ans sa grimace importune
Ait à sa défaveur obstiné la fortune ?

Il n'est pas le Cousin, qui n'ait quelque raison.
De peur de réparer il laisse sa maison ;
Que son lict ne défonce, il dort dessus la dure ;
Et n'a, crainte du chaud, que l'air pour couverture :
Ne se pouvant munir encontre tant de maux
Dont l'air intempéré fait guerre aux animaux,
Comme le chaud, le froid, les frimas et la pluie,

Mille autres accidens, bourreaux de nostre vie ;
Lui, selon sa raison, souz eux il s'est soumis,
Et, forçant la nature, il les a pour amis.
Il n'est point enrumé pour dormir sur la terre ;
Son poulmon enflammé ne tousse le catarre ;
Il ne craint ni les dents ni les défluxions,
Et son corps a, tout sain, libres ses fonctions ;
En tout indifférent, tout est à son usage.
On dira qu'il est fou ; je croi qu'il n'est pas sage ;
Que Diogène aussi fust un fou de tout point,
C'est ce que le Cousin, comme moi ne croit point.
Ainsi ceste raison est une estrange beste :
On l'a bonne selon qu'on a bonne la teste ;
Qu'on imagine bien, du sens comme de l'œil,
Pour grain ne prenant paille, ou Paris pour Corbeille.

LE SOUPER RIDICULE.

Un de ces jours derniers, par des lieux destournez,
Je m'en allois resvant, le manteau sur le nez,
L'ame bizarrement de vapeurs occupée,
Comme un poëte qui prend les vers à la pippée :
En ces songes profonds où flottoit mon esprit,
Un homme par la main hazardément me prit,
Ainsi qu'on pourroit prendre un dormeur par l'oreille
Quand on veut qu'à minuit en sursaut il s'esveille.
Je passe outre d'aguet, sans en faire semblant,
Et m'en vais à grands pas, tout froid et tout tremblant,
Craignant de faire encor', avecq' ma patience,
Des sottises d'autrui nouvelle pénitence.
Tout courtois il me suit, et, d'un parler remis :
Quoi ! monsieur, est-ce ainsi qu'on traite ses amis ?
Je m'arreste, contraint ; d'une façon confuse,
Grondant entre mes dents, je barbotte une excuse.
De vous dire son nom il ne garit de rien,
Et vous jure au surplus qu'il est homme de bien ;
Que son cœur convoiteux d'ambition ne crève,

Et pour ses factions qu'il n'ira point en Grève :
Car il aime la France, et ne souffriroit point,
Le bon seigneur qu'il est, qu'on la mist en pourpoint.
Au compas du devoir il règle son courage,
Et ne laisse en dépost pourtant son advantage.
Selon le temps, il met ses partis en avant.
Alors que le roi passe il gaigne le devant ;
Et dans la gallerie, encor' que tu lui parles,
Il te laisse au roi Jean, et s'en court au roi Charles,
Mesme aux plus avancez demandant le pourquoi,
Il se met sur un pied, et sur le quant à moi ;
Et seroit bien fasché, le prince assis à table,
Qu'un autre en fust plus près, ou fist plus l'agréable ;
Qui plus suffisamment entrant sur le devis,
Fist mieux le philosophe ; ou dist mieux son avis ;
Qui de chiens ou d'oiseaux eust plus d'expérience,
Ou qui décidast mieux un cas de conscience :
Puis dites, comme un sot, qu'il est sans passion.

Sans gloser plus avant sur sa perfection,
Avecq' mains hauts discours, de chiens, d'oiseaux, de botte
Que les valets de pied sont fort sujets aux crottes ;
Pour bien faire du pain, il faut bien enfourner ;
Si don Pèdre est venu, qu'il s'en peut retourner :
Le ciel nous fit ce bien qu'encor' d'assez bonne heure
Nous vinmes au logis où ce monsieur demeure,
Où, sans historier le tout par le menu,

Il me dit : Vous soyez, monsieur, le bien-venu.
Après quelques propos, sans propos et sans suite,
Avecq' un froid adieu je minute ma fuite,
Plus de peur d'accident que par discrétion.
Il commence un sermon de son affection,
Me rit, me prend, m'embrasse avecq' cérémonie :
Quoi ! vous ennuyez-vous en nostre compagnie ?
Non, non, ma foi, dit-il, il n'ira pas ainsi ;
Et, puisque je vous tiens, vous souperez ici.
Je m'excuse ; il me force. O Dieux ! quelle injustice !
Alors, mais, las ! trop tard je cogneu mon supplice :
Mais, pour l'avoir cogneu, je ne peus l'esviter,
Tant le destin se plaist à me persécuter.

A peine à ces propos eût-il fermé la bouche,
Qu'il entre à l'estourdie un sot fait à la fourche,
Qui, pour nous saluer, laissant cheoir son chapeau,
Fit comme un entrechat avec un escabeau,
Trebuchant contre-bas, s'en va devant-derrière,
Et, grondant, se fascha qu'on estoit sans lumière.
Pour nous faire, sans rire, avaler ce beau saut,
Le monsieur sur sa veue excuse ce deffaut,
Que les gens de sçavoir ont la visière tendre.
L'autre, se relevant, devant nous se vint rendre,
Moins honteux d'estre cheu que de s'estre dressé ;
Et lui demandast-il s'il s'estoit point blessé.

Après mille discours dignes d'un grand volume,
On appelle un valet ; la chandelle s'allume :
On apporte la nappe, et met-on le couvert ;
Et suis parmi ces gens comme un homme sans vert,
Qui fait, en rechignant, aussi maigre visage
Qu'un Renard que Martin porte au Louvre en sa cage.
Un long-temps sans parler je regorgeois d'ennui.
Mais, n'estant point garand des sottises d'autrui,
Je creus qu'il me falloit d'une mauvaise affaire
En prendre seulement ce qui m'en pouvoit plaire.
Ainsi, considérant ces hommes et leurs soins,
Si je n'en disois mot, je n'en pensois pas moins ;
Et jugeai ce lourdaut, à son nez autentique,
Que c'estoit un pédant, animal domestique,
De qui la mine rogue, et le parler confus,
Les cheveux gras et longs, et les sourcils confus,
Faisoient par leur sçavoir, comme il faisoit entendre,
La figue sur le nez au pédant d'Alexandre.

Lors je fus asseuré de ce que j'avois creu,
Qu'il n'est plus courtisan de la court si recreu,
Pour faire l'entendu, qu'il n'ait, pour quoi qu'il vaille,
Un poëte, un astrologue, ou quelque pédantaille,
Qui, durant ses amours, avec son bel esprit,
Couche de ses faveurs l'histoire par escrit.

Maintenant que l'on voit, et que je vous veux dire

Tout ce qui se fit là digne d'une satire,
Je croirois faire tort à ce docteur nouveau
Si je ne lui donnois quelques traicts de pinceau.
Mais estant mauvais peintre, ainsi que mauvais poëte,
Et que j'ai la cervelle et la main maladroite,
O Muse ! je t'invoque. Emmielle-moi le bec,
Et bande de tes mains les nerfs de ton rebec ;
Laisse-moi là Phœbus chercher son aventure ;
Laisse-moi son Bémol, prend la clef de nature ;
Et vien, simple, sans fard, nue, et sans ornement,
Pour accorder ma fluste avecq' ton instrument.
Di-moi comme sa race, autrefois ancienne,
Dedans Rome accoucha d'une patricienne,
D'où nasquit dix catons, et quatre-vingts préteurs,
Sans les historiens, et tous les orateurs.
Mais non ; venons à lui, dont la maussade mine
Ressemble un de ces dieux des couteaux de la Chine,
Et dont les beaux discours, plaisamment estourdis,
Feroient crever de rire un sainct du paradis.
Son teint jaune, enfumé, de couleur de malade,
Feroit donner au diable et ceruse et pommade ;
Et n'est blanc en Espaigne à qui ce cormoran
Ne face renier la loi de l'Alcoran.
Ses yeux, bordez de rouge, esgarez, sembloient estre
L'un à Montmartre, et l'autre au chasteau de Bicestre :
Toutefois, redressant leur entre-pas tortu,
Ils guidoient la jeunesse au chemin de vertu.

Son nez haut relevé sembloit faire la nique
A l'Ovide Nason, au Scipion Nasique,
Où maints rubis balez, tous rougissants de vin,
Monstroient un HAC ITUR à la Pomme du pin.....

Quant au reste du corps, il est de telle sorte
Qu'il semble que ses reins et son espaule torte
Facent guerre à sa teste, et par rebellion
Qu'ils eussent entassé Osse sur Pélion :
Tellement qu'il n'a rien en tout son attelage
Qui ne suive au galop la trace du visage.

Pour sa robe, elle fut autre qu'elle n'estoit
Alors qu'Albert le Grand aux festes la portoit ;
Mais tousjours recousant pièce à pièce nouvelle,
Depuis trente ans c'est elle, et si ce n'est pas elle :
Ainsi que ce vaisseau des Grecs tant renommé,
Qui survescut au temps qui l'avoit consommé.
Une teigne affamée estoit sur ses espaules,
Qui traçoit en arabe une carte des Gaules.
Les pièces et les clous, semez de tous costez,
Représentoient les bourgs, les monts et les citez,
Les filets séparez, qui se tenoit à peine,
Imitoient les ruisseaux coulant dans une plaine.
Les Alpes, en jurant, lui grimpoient au collet ;
Et Savoi' qui plus bas ne pend qu'à un filet.
Les puces et les poux, et telle autre quenaille,

Aux plaines d'alentour se mettoient en bataille,
Qui, les places d'autrui les armes usurpant,
Le titre disputoient au premier occupant,

Or dessouz ceste robbe illustre et vénérable,
Il avoit un jupon, non celui de Constable,
Mais un qui pour un temps suivit l'arrière-ban,
Quant en première nopce il servit de caban
Au croniqueur Turpin, lors que par la campagne
Il portoit l'arbalestre au bon roi Charlemagne.
Pour asseurer si c'est ou laine, ou soie, ou lin,
Il faut en devinaille estre maistre Gonin.

Sa ceinture honorable, ainsi que ses jartières,
Furent d'un drap du Seau, mais j'entends des lizières
Qui sur maint cousturier jouèrent maint rollet ;
Mais pour l'heure présente ils sangloient le mulet.

Un mouchoir et des gants, avecq' ignominie,
Ainsi que des larrons pendus en compagnie,
Lui pendoient au costé, qui sembloient, en lambeaux,
Crier, en se moquant : Vieux linges, vieux drapeaux,
De l'autre, brimballoit une clef fort honneste,
Qui tire à sa cordelle une noix d'arbaleste.

Ainsi ce personnage, en magnifique arroy,
Marchant PEDETENTIM, s'en vint jusques à moi,

Qui sentis à son nez, à ses lèvres décloses,
Qu'il fleurpit bien plus fort mais non pas mieux que roses.

Il me parle latin, il allègue, il discourt ;
Il réforme à son pied les humeurs de la court.
Qu'il a pour enseigner une belle manière ;
Qu'en son globe il a veu la matière première ;
Qu'Épicure est ivrongne, Hippocrate un bourreau,
Que Barthole et Jason ignorent le barreau ;
Que Virgile est passable, encor' qu'en quelques pages
Il méritast au Louvre estre chiflé des pages ;
Que Pline est inégal, Térence un peu joli :
Mais surtout il estime un langage poli.

Ainsi sur chaque autheur il trouve de quoy mordre.
L'un n'a point de raison, et l'autre n'a point d'ordre ;
L'autre avorte avant temps des œuvres qu'il conçoit.
Or il vous prend Macrobe, et lui donne le fouet.
Cicéron, il s'en taist, d'autant que l'on le crie
Le pain quotidien de la pédanterie.
Quant à son jugement, il est plus que parfait.
Et l'immortalité n'aime que ce qu'il fait.
Par hazard disputant, si quelqu'un lui réplique,
Et qu'il soit à QUIA : Vous estes hérétique,
Ou pour le moins fauteur ; ou, Vous ne sçavez point
Ce qu'en mon manuscrit j'ai noté sur ce point.

Comme il n'est rien de simple, aussi rien n'est durable,
De pauvre on devient riche, et d'heureux misérable.
Tout se change : qui fit qu'on changea de discours.

Après maint entretien, maint tours et maint retours,
Un valet, se levant le chapeau de la teste,
Nous vint dire tout haut que la souppe estoit preste.
Je cogneu qu'il est vrai ce qu'Homère en escrit,
Qu'il n'est rien qui si fort nous resveille l'esprit;
Car j'eus, au son des plats, l'ame plus altérée
Que ne l'auroit un chien au son de la curée.
Mais, comme un jour d'hiver où le soleil reluit,
Ma joie en moins d'un rien comme un esclair s'enfuit.
Et le ciel, qui des dents me rit à la pareille,
Me bailla gentiment le lièvre par l'oreille.
Et comme en une monstre, où les passe-volants,
Pour se monstrer soldats, sont les plus insolents;
Ainsi, parmi ces gens, un gros valet d'estable,
Glorieux de porter les plats dessus la table,
D'un nez de majordome, et qui morgue la faim,
Entra, serviette au bras, et fricassée en main;
Et, sans respect du lieu, du docteur, ni des sausses,
Heurtant table et tréteaux, versa tout sur mes chausses.
On le tance; il s'excuse; et moi, tout résolu,
Puis qu'à mon dam le ciel l'avoit ainsi voulu,
Je tourne en raillerie un si fascheux mystère,
De sorte que monsieur m'obligea de s'en taire,

26.

Sur ce point on se lave ; et chacun en son rang
Se met dans une chaire, ou s'assied sur un banc,
Suivant ou son mérite, ou sa charge, ou sa race.
Des niais, sans prier, je me mets à la place,
Où j'étois résolu, faisant autant que trois,
De boire et de manger comme aux veilles des rois.
Mais à si beau dessein défaillant la matière,
Je fus enfin contraint de ronger ma litière,
Comme un asne affamé, qui n'a chardons, ni foin.
N'ayant pour lors de quoi me saouler au besoin.

En forme d'eschiquier les plats rangés sur table
N'avoient ni le maintien ni la grace accostable ;
Et bien que nos dineurs mangeassent en sergents,
La viande pourtant ne prioit point les gens.
Mon docteur de menestre, en sa mine altérée,
Avoit deux fois autant de mains que Briarée ;
Et n'estoit, quel qu'il fust, morceau dedans le plat,
Qui des yeux et des mains n'eust un escheq et mat.

Devant moi justement on plante un grand potage,
D'où les mousches à jeun se sauvoient à la nage :
Le brouet estoit maigre ; et n'est Nostradamus,
Qui, l'astrolabe en main ne demeurast camus,
Si, par galanterie, ou par sottise expresse,
Il y pensoit trouver une estoile de graisse.
Pour moi, si j'eusse été sur la mer du Levant,

Où le vieux Louchali fendit si bien le vent,
Quand Sainct-Marc s'habilla des enseignes de Thrace,
Je la comparerois au golphe de Patrasse :
Pour ce qu'on y voyoit en mille et mille parts,
Les mousches qui flottoient en guise de soldarts,
Qui, morts, sembloient encor', dans les ondes salées,
Embrasser les charbons des galères bruslées.

J'oi, ce semble, quelqu'un de ces nouveaux docteurs
Qui d'estoc et de taille estrillent les autheurs
Dire que ceste exemple est fort mal assortie.
Homère, et non pas moi, t'en doit la garantie,
Qui dedans ses escrits, en de certains effets,
Les compare peut-estre aussi mal que je fais.

Mais retournons à table, où l'esclanche en cervelle
Des dents et du chalan separoit la querelle :
Et, sur la nappe allant de quartier en quartier,
Plus dru qu'une navette au travers d'un mestier,
Glissoit de main en main, où, sans perdre advantage,
Ebrechant le cousteau, tesmoignoit son courage :
Et durant que brebis elle fut parmi nous,
Elle sçeut bravement se défendre des loups ;
Et de se conserver elle mit si bon ordre,
Que, morte de vieillesse, elle ne savoit mordre.

A quoi, glouton oiseau, du ventre renaissant
Du fils du bon Japet, te vas-tu repaissant ?
Assez, et trop long-temps, son poulmon tu gourmandes
La faim se renouvelle au change des viandes.
Laissant là ce larron, vien ici désormais
Où la tripaille est frite en cent sortes de mets.
Or durant ce festin damoiselle Famine,
Avecq' son nez étique, et sa mourante mine,
Ainsi que la cherté par édict l'ordonna,
Faisoit un beau discours dessus la Lezina ;
Et, nous torchant le bec, alléguoit Simonide,
Qui dit, pour estre sain, qu'il faut mascher à vuide.
Au reste, à manger peu, monsieur mangeoit d'autant
Du vin qu'à la la taverne on ne payoit contant ;
Et se faschoit qu'un Jean, blessé de la logique,
Lui barbouilloit l'esprit d'un saco sophistique.

Esmiant, quant à moi, du pain entre mes doigts,
A tout ce qu'on disoit doucet je m'accordois,
Leur voyant de plot la cervelle eschauffée,
De peur, comme l'on dit, de courroucer la fée.

Mais à tant d'accidents l'un sur l'autre amassez,
Sçachant qu'il en falloit payer les pots cassez,
De rage, sans parler je m'en mordois la lèvre ;
Et n'est Job de despit, qui n'en eust pris la chèvre.
Car un limier boiteux, de galles damassé,

Qu'on avoit d'huile chaude et de souffre graissé,
Ainsi, comme un verrat enveloppé de fange,
Quand sous le corselet la crasse lui demange,
Se bouchonne par-tout : de mesme, en pareil cas,
Ce rongneux las d'aller, se frottoit à mes bas;
Et, fust pour estriller ses galles et ses crottes,
De sa grace il graissa mes chausses pour mes bottes,
Et si digne façon que le fripier Martin,
Avecq' sa malle-tache y perdroit son latin.

Ainsi qu'en ce despit le sang m'eschauffoit l'ame,
Le monsieur son pédant à son aide reclame,
Pour soudre l'argument ; quand d'un sçavant parler
Il est qui fait la moue aux chimères en l'air.
Le pédant tout fumeux de vin et de doctrine,
Respond, Dieu sait comment : le bon Jean se mutine:
Et sembloit que la gloire, en ce gentil assaut,
Fust à qui parleroit, non pas mieux, mais plus haut,
Ne croyez en parlant que l'un ou l'autre dorme.
Comment! vostre argument, dit l'un, n'est pas en forme
L'autre, tout hors de sens : mais c'est vous, malautru,
Qui faites le sçavant, et n'estes pas congru.
L'autre : monsieur le sot, je vous ferai bien taire.
Quoi! comment! Est-ce ainsi qu'on frappe Despauterre
Quelle incongruité ! Vous mentez par les dents.
Mais vous ?..... Ainsi ces gens, à se picquer ardents,
S'en vindrent du parler à tic tac, torche lorgne;

Qui casse le museau ; qui son rival esborgne ;
Qui jette un pain, un plat, une assiette, un couteau ;
Qui, pour une rondache, empoigne un escabeau.
L'un fait plus qu'il ne peut ; et l'autre plus qu'il n'ose,
Et pense, en les voyant, voir la métamorphose
Où les centaures saouz, au bourg atracien,
Voulurent, chauds de reins, faire nopces de chien ;
Et, cornus du bon père, encorner le Lapithe,
Qui leur fit à la fin enfiler la guérite,
Quand avecques des plats, des treteaux, des tisons,
Par force les chassant mi-morts de ses maisons,
Il les fit gentiment, après la tragédie,
De chevaux devenir gros asnes d'Arcadie.

Nos gens en ce combat n'estoient moins inhumains,
Car chacun s'escrimoit et des pieds et des mains ;
Et comme eux, tout sanglants en ces doctes alarmes,
La fureur aveuglée en main leur mit des armes.
Le bon Jean crie, au meurtre ! et ce docteur, harault !
Le monsieur dit : Tout beau ; l'on appelle Girault.
A ce nom, voyant l'homme et sa gentille trongne,
En mémoire aussi-tost me tomba la Gascongne :
Je cours à mon manteau, je descends l'escalier,
Et laisse avecq' ses gens monsieur le chevalier,
Qui vouloit mettre barre entre ceste canaille.
Ainsi, sans coup ferir, je sors de la bataille,
Sans parler de flambeau, ni sans faire autre bruit.

Croyez qu'il n'étoit pas, O nuit! jalouse nuict!
Car il sembloit qu'on eust aveuglé la nature;
Et faisoit un noir brun, d'aussi bonne teinture
Que jamais on en vit sortir des Gobelins.
Argus pouvoit passer pour un des Quinze-vingts.
Qui pis est, il pleuvoit d'une telle manière,
Que les reins, par despit, me servoient de gouttière.
Et du haut des maisons tomboit un tel dégout,
Que les chiens alterez pouvoient boire debout.

FIN.

TABLE.

	pages.
INTRODUCTION	1

PIERRE DE RONSARD.

ODES.

Ode première, à J. Daurat	1
Ode II. Le retour du Printemps	6
Ode III. Mignonne, allons voir si la rose, etc.	8
Ode IV, à l'Aube-Épine	9
Ode V, sur les Fleurs	11
Ode VI. Ronsard choisit son sépulcre	13
Ode VII, sur les maux de la vie humaine	18
Ode VIII	22
Ode IX, à la forêt de Gastine	24
Ode X, à Des Autels	26
Ode XI, sur la Rose	30

Ode XII. Adieux de Ronsard aux plaisirs de
    la vie 33
Ode XIII. Excellence du commerce des Muses. 35
Ode XIV. Conseils........................... 37
Ode XV. Amour prisonnier des Muses........ 39
Ode XVI, sur la mort de Marguerite de France, 41
    sœur de François Ier.................... 41
Ode XVII, à Henri II....................... 47

DISCOURS.

Discours à Charles IX...................... 55
—— à Catherine de Médicis............... 60
Harangue du duc de Guise aux soldats de Metz,
    le jour de l'assaut...................... 72
Discours à Charles, cardinal de Lorraine.... 77
—— à La Haye............................ 83
—— à Henri III.......................... 89
—— à Pierre l'Escot..................... 99
—— à Catherine de Médicis............... 103
Réponse de Ronsard aux injures et aux ca-
    lomnies d'un ministre de Genève......... 118

SONNETS ET POÉSIES DIVERSES.

Sonnet I, à Marie-Stuart................... 133
Sonnet II, à Catherine de Médicis.......... 135

Sonnet III. Ronsard demande trois jours de solitude. 136
Sonnet IV, à Marie. 137
Sonnent V. Songe. 138
Sonnet VI. Sur la mort de Marie. 139
Sonnet VII. Même sujet. 140
Sonnet VIII. Épitaphe de Marie. 141
Élégie sur la mort de Marie. 144
Derniers vers de Pierre de Ronsard. Stances. . 148

JOACHIM DUBELLAY.

De l'Immortalité des poètes. Ode. 133
Le Retour du Printemps. 136
Qu'il faut écrire dans sa langue. Ode. 159
La Chanson du Vanneur de Blé. 161
Sonnet 162
Autre sonnet. 163
Autre Sonnet. 165
Le Poète Courtisan. 166

J. A. DE BAÏF.

Les Roses. Au sieur Guibert. 175
Baïf, à lui-même. 179

Amour oiseau. 182
Le calcul de la vie. 184

REMI BELLEAU.

Ode pour la paix. 187
Amour piqué d'une mouche à miel. 190
Avril 194

DUBARTAS.

Description du jardin d'Éden. 198
Le déluge. 200
Le Sacrifice d'Abraham. 204
Sonnet. 212

J. B. CHASSIGNET.

Ode sacrée. 117
Autre. 218
Autre. 220
Autre. 223
Sonnet. 225
Autre. 226

PH. DESPORTES.

Complainte.................................. 229
Chanson..................................... 231
A Sainte Agathe, vierge et martyre......... 235
Chanson..................................... 236
Sur une Fontaine............................ 239
Sonnet...................................... 240
Autre....................................... 241

J. BERTAUT.

Ode sacrée.................................. 245
Chanson..................................... 248

REGNIER.

SATIRES.

La Vie de la cour........................... 254
La Poésie toujours pauvre................... 262
Le goût particulier décide de tout.......... 269
L'importun, ou le Fâcheux................... 277
Le critique outré........................... 284
La folie est générale....................... 290
Le Souper ridicule.......................... 297

FIN.

www.ingramcontent.com/pod-product-compliance
Lightning Source LLC
Chambersburg PA
CBHW070443170426
43201CB00010B/1197